DER GOTTESDIENST
AM HEILIGEN UND HOHEN
SAMSTAG

DER GOTTESDIENST
AM HEILIGEN UND HOHEN SAMSTAG

Zusammengestellt und übersetzt
von HH. Erzpriester Dimitrij Ignatiev

München 1992

Umschlag: Jesus Christus erscheint Maria Magdalena nach der Auferstehung. Die Ikone malte **Makarius Tauc.**

Das vorliegende Büchlein stellt ein Heft der Serie mit den vollständigen liturgischen Texten der Großen (oder Kar-) Woche dar, die in der Folge mit dem Segen **S.E. Mark**, des Erzbischofs von Berlin und Deutschland, in der Druckerei des Klosters des Hl. Hiob von Počaev in München veröffentlicht werden.

Die Zusammenstellung und Übersetzung der Texte unternahm **HH. Erzpriester Dimitrij Ignatiew**, dem an dieser Stelle im Namen aller Orthodoxen deutscher Zunge gedankt sei.

ISBN: 3 - 92 61 65 - 29 - 4
Gestaltung und Druck:
Kloster des Hl. Hiob von Počaev
1992, München

HEILIGER UND HOHER SAMSTAG

(Großer Sabbat)

Morgenamt (Matutin)

1. Stunde (Prim)

MORGENAMT

PRIESTER: Gepriesen sei unser Gott allezeit, jetzt und immerdar und in alle Ewigkeit.

LESER: Amen.

Ehre sei Dir, unser Gott, Ehre sei Dir.

Himmlischer König, Tröster, Du Geist der Wahrheit, allgegenwärtig und alles erfüllend, Hort der Güter und Lebenspender, komm, wohne in uns, reinige uns von jedem Makel und rette, Gütiger, unsere Seelen.

Heiliger Gott, heiliger Starker, heiliger Unsterblicher, erbarme Dich unser. dreimal

Ehre sei dem Vater und dem Sohne und dem Heiligen Geiste jetzt und immerdar und in alle Ewigkeit. Amen.

Allheilige Dreieinigkeit, erbarme Dich unser; reinige uns, o Herr, von unseren Sünden; vergib, o Gebieter, unsere Vergehen; suche heim unsere Schwächen, o Heiliger, und heile sie um Deines Namens willen.

Herr, erbarme Dich. dreimal

Ehre sei dem Vater und dem Sohne und dem Heiligen Geiste jetzt und immerdar und in alle Ewigkeit. Amen.

Vater unser, der Du bist in den Himmeln; geheiligt werde Dein Name; Dein Reich komme; Dein Wille geschehe wie im Himmel so auch auf Erden. Unser tägliches Brot gib uns heute;

und vergib uns unsere Schuld, wie auch wir vergeben unseren Schuldigern; und führe uns nicht in Versuchung, sondern erlöse uns von dem Bösen.

PRIESTER: Denn Dein ist das Reich und die Kraft und die Herrlichkeit, des Vaters und des Sohnes und des Heiligen Geistes, jetzt und immerdar und in alle Ewigkeit.

LESER: Amen.

Herr, erbarme Dich. zwölfmal

Ehre sei dem Vater und dem Sohne und dem Heiligen Geiste jetzt und immerdar und in alle Ewigkeit. Amen.

Kommet, lasset uns anbeten Gott, unseren König.

Kommet, lasset uns anbeten und niederfallen vor Christus, Gott, unserem König.

Kommet, lasset uns anbeten und niederfallen vor Christus selbst, unserem König und Gott.

Psalm 19[1] Es erhöre Dich der Herr am Tage der Drangsal, Jakobs Gott. Er möge dich schützen. Er sende dir Hilfe vom Heiligtum, von Sion aus steh Er dir bei. Er gedenke all deiner Opfer, dein Ganzopfer finde Gnade vor Ihm. Er gebe dir, was verlanget dein Herz, Erfüllung gewähre Er all deinen Plänen. So werden wir Deines Sieges uns freuen, die Banner erheben im Namen unseres Gottes; all deine Bitten erfülle der Herr. Nun weiß ich: Sieg hat der Herr verliehen Seinem Gesalbten; Er hat ihn erhört von Seinem heiligen Himmel in der Kraft Seiner siegreichen Rechten. Diese vertrauen auf Wagen und jene auf Rosse; wir aber rufen an den Namen des Herrn, unseres Gottes. Sie stürzten und brachen zusammen, wir aber stehen und bleiben. Der Herr verleihe dem König den Sieg und erhöre uns am Tage, da wir rufen zu Dir.

Psalm 20 Herr, Deiner Macht erfreut sich der König, über Deine Hilfe jubelt er laut. Du hast ihm erfüllt seines Herzens Begehr, ihm nicht verweigert, was seine Lippen erbaten. Du bist ihm zuvorgekommen mit Segen und Heil, hast ihm das

Haupt gekrönt mit einer Krone von Edelsteinen. Leben erbat er von Dir, und Du gabest es ihm, die Fülle der Tage für immer und ewig. Groß ist sein Ruhm durch die Kraft Deiner Hilfe. Du hast ihn geschmückt mit Hoheit und Pracht. Du hast ihn zum Segen gemacht auf immerdar, ihn beglückt vor Deinem Antlitz mit Freude. Denn der König vertraut auf den Herrn, nicht wird er wanken durch die Gnade des Höchsten. Es komme Deine Hand über all Deine Feinde; die Dich hassen, es treffe sie Deine Rechte. Mach sie erglühn wie im Feuerofen am Tage, da erscheint Dein Antlitz. In seinem Zorne soll der Herr sie vernichten, und das Feuer wird sie fressen. Du wirst ihre Frucht von der Erde vertilgen, ihre Brut aus der Mitte der Menschen. Planen sie wider Dich auch Böses und sinnen sie Arglist, nimmermehr werden sie siegen. Denn du jagest sie alle in die Flucht, gegen ihr Angesicht spannst Du den Bogen. Erhebe Dich, Herr, in Deiner Macht, und Deine Stärke wollen wir besingen und preisen.

Ehre sei dem Vater und dem Sohne und dem Heiligen Geiste jetzt und immerdar und in alle Ewigkeit. Amen.

Heiliger Gott, heiliger Starker, heiliger Unsterblicher, erbarme Dich unser. dreimal

Ehre sei dem Vater und dem Sohne und dem Heiligen Geiste jetzt und immerdar und in alle Ewigkeit. Amen.

Allheilige Dreieinigkeit, erbarme Dich unser; reinige uns, o Herr, von unseren Sünden; vergib, o Gebieter, unsere Vergehen; suche heim unsere Schwächen, o Heiliger, und heile sie um Deines Namens willen.

Herr, erbarme Dich. dreimal

Ehre sei dem Vater und dem Sohne und dem Heiligen Geiste jetzt und immerdar und in alle Ewigkeit. Amen.

Vater unser, der Du bist in den Himmeln; geheiligt werde Dein Name; Dein Reich komme; Dein Wille geschehe wie im Himmel so auch auf Erden. Unser tägliches Brot gib uns heute;

und vergib uns unsere Schuld, wie auch wir vergeben unseren Schuldigern; und führe uns nicht in Versuchung, sondern erlöse uns von dem Bösen.

PRIESTER: Denn Dein ist das Reich und die Kraft und die Herrlichkeit, des Vaters und des Sohnes und des Heiligen Geistes, jetzt und immerdar und in alle Ewigkeit.

LESER: Amen.

Troparion: Rette, Herr, Dein Volk und segne Dein Erbe; verleihe Sieg den orthodoxen Christen über ihre Widersacher und behüte Deine Gemeinde mit Deinem Kreuz.

Ehre sei dem Vater und dem Sohne und dem Heiligen Geiste.

Kondakion: Der Du freiwillig auf das Kreuz Dich erhoben hast, Christus Gott, schenke Dein Erbarmen Deiner neuen, nach Dir genannten Gemeinde; stärke mit Deiner Kraft die orthodoxen Christen, indem Du ihnen den Sieg gibst über die Feinde. So mögen sie, indem sie Dein Kreuz als Waffe des Friedens haben, den unerschütterlichen Sieg bewahren.

jetzt und immerdar und in alle Ewigkeit. Amen.

Theotokion: Hehre, nicht beschämende Schirmherrin, übersieh nicht unser Flehen, gütige allbesungene Gottesgebärerin. Festige unsere Gemeinde; stärke die, denen aufgetragen ist, zu regieren; und gewähre uns allen den Sieg von oben. Denn Gott hast du geboren, einzig Gesegnete.

PRIESTER: Erbarme Dich unser, o Gott, nach Deiner großen Barmherzigkeit, wir bitten Dich, erhöre uns und erbarme Dich.

CHOR: Herr, erbarme Dich. dreimal

PRIESTER: Wir beten auch für den rechtgläubigen Episkopat der verfolgten Russischen Kirche, für unseren höchstgeweihten Metropoliten Vitalij, den Ersthierarchen der Rus-

sischen Auslandskirche, für unseren Herrn, den hochgeweihten Erzbischof Mark.

CHOR: Herr, erbarme Dich. dreimal

PRIESTER: Wir beten auch für alle Brüder und alle Christen.

CHOR: Herr, erbarme Dich. dreimal

PRIESTER: Denn ein barmherziger und menschenliebender
Gott bist Du, und Dir senden wir Verherrlichung empor, dem
Vater und dem Sohn und dem Heiligen Geiste, jetzt und im-
merdar und in alle Ewigkeit.

CHOR: Amen.

Im Namen des Herrn, gib, Vater, den Segen!

PRIESTER: Ehre sei der heiligen, wesenseinen, lebendigmachenden und unteilbaren Dreieinigkeit allezeit, jetzt und
immerdar und in alle Ewigkeit.

CHOR: Amen.

LESER:

Ehre sei Gott in den Höhen und auf Erden Friede den
Menschen Seiner Huld.[2] dreimal

Herr, öffne meine Lippen, und mein Mund wird verkünden Dein Lob. zweimal

Psalm 3   O Herr, wie viele sind es, die mich bedrängen,
viele stehn auf wider mich. Viele sind es, die von mir sagen:
Für den ist keine Rettung bei Gott. Doch Du, Herr, bist mein
Schild, Du bist mein Ruhm, Du erhebest mein Haupt. Mit
lauter Stimme rief ich zu Gott, und Er hat mich erhört von
seinem heiligen Berge. Ich legte mich zur Ruhe und schlief;
ich erhob mich wieder, weil der Herr mich hält. Nicht fürchte
ich die Tausende des Volkes, die rings mich feindlich um-
lagern. Erhebe Dich, Herr, schaffe mir Heil, Du mein Gott! Du
hast zerschmettert die Backen all meiner Feinde, die Zähne der
Frevler zerbrochen. Bei Gott ist Hilfe, über Deinem Volke sei
Dein Segen.

Ich legte mich zur Ruhe und schlief; ich erhob mich wieder, weil der Herr mich hält.

Psalm 37 Herr, züchtige mich nicht in Deinem Zorne und strafe mich nicht in Deinem Grimme. Denn es drangen ein in mich Deine Pfeile, es lastet auf mir Deine Hand. Mir ist nichts Heiles am Fleische, da Du mir zürnest, nichts unversehrt an meinem Gebein, da ich gesündigt. Auf meinem Haupt ist übergroß geworden die Schuld, gleich einer schweren Bürde drückt sie mich nieder. Es verwesen meine Wunden und faulen ob all meiner Torheit. Gedrückt bin ich und gar tief gebeugt, traurig geh' ich den ganzen Tag einher. Denn meine Lenden sind voller Brand, an meinem Leibe ist nichts Gesundes. Ermattet bin ich und ganz zerschlagen, in der Qual meines Herzens schreie ich auf. Herr, mein Verlangen ist Dir offenbar, mein Seufzen ist nicht verborgen vor Dir. Mein Herz erbebt, es verläßt mich die Kraft, das Licht der Augen will mir erlöschen. Freunde und Vertraute wenden von meiner Plage sich ab, und meine Nächsten stehn in der Ferne. Die nach dem Leben mir trachten, legen mir Schlingen, die mir übel wollen, sie drohn mit Verderben, Falschheit sinnen sie immerfort. Ich aber höre nicht; ich bin wie einer, der taub ist; bin wie ein Stummer, der nicht öffnet den Mund. Ich bin geworden wie einer, der nimmer hört, in dessen Mund keine Antwort mehr ist. Denn ich vertraue, Herr, auf Dich, Du wirst mich erhören, mein Herr und mein Gott. Ich sage: Nicht sollen sie meiner sich freuen; nicht prahlen gegen mich, wenn strauchelt mein Fuß. Wahrlich, ich bin dem Untergang nahe, und nimmer verläßt mich der Schmerz. So will meine Schuld ich bekennen, bange ist mir in meiner Sünde. Aber mächtig sind, die ohne Grund mich bekämpfen; und viele sind es, die mich hassen zu Unrecht. Sie vergelten mir Gutes mit Bösem und feinden mich an, denn ich suche das Rechte.

Verlasse mich nicht, Herr, mein Gott, bleib nicht ferne von mir. Eile, mir zu helfen, o Herr, Du mein Heil.

Verlasse mich nicht, Herr, mein Gott, bleib nicht ferne von mir. Eile, mir zu helfen, o Herr, Du mein Heil.

Psalm 62   Gott, mein Gott, zu Dir erwache ich des Morgens, es dürstet nach Dir meine Seele. Nach Dir verlanget mein Leib gleich einem dürren, lechzenden Land ohne Wasser. So schaue ich aus nach Dir im heiligen Zelt, Deine Kraft und Deine Herrlichkeit möchte ich schauen. Denn besser ist Deine Huld als das Leben, meine Lippen singen Dir Lob. Ich will Dich rühmen mein Leben lang, in Deinem Namen erhebe ich meine Hände. Wie von Fett und Mark wird satt meine Seele, und mit Lippen des Jubels lobsinget mein Mund. Auf meinem Lager gedenke ich Deiner, in den Nachtwachen geht mein Sinnen zu Dir. Fürwahr, Du bist mir ein Helfer geworden, jubeln darf ich in Deiner Fittiche Hut. Meine Seele hängt an Dir, Deine Rechte hält mich fest. Die aber mein Leben verderben wollen, sie fahren hinab zu den Tiefen der Erde; preisgegeben der Gewalt des Schwertes, den Schakalen zur Beute. Der König aber wird sich freuen in Gott, rühmen wird sich jeder, der geschworen bei Ihm, des Lügners Mund wird verstummen.

In Nachtwachen sinne ich über Dich, Denn Du bist meine Hilfe geworden, und unter dem Schatten Deiner Flügel frohlocke ich. Meine Seele hängt an Dir, Deine Rechte hält mich fest.

Ehre sei dem Vater und dem Sohne und dem Heiligen Geiste jetzt und immerdar und in alle Ewigkeit. Amen.

Alleluja, alleluja, alleluja, Ehre sei Dir, o Gott. dreimal

Herr, erbarme Dich. dreimal

Ehre sei dem Vater und dem Sohne und dem Heiligen Geiste jetzt und immerdar und in alle Ewigkeit. Amen.

Psalm 87   Herr, Du Gott meines Heils, ich rufe um Hilfe bei Tage und schreie des Nachts vor Dir. Laß mein Gebet vor

Dich kommen, neige Dein Ohr zu meinem Flehen, Herr! Denn meine Seele ist mit Unheil gesättigt und mein Leben dem Totenreiche nahe. Schon zähle ich zu denen, die zur Grube fuhren; ich bin geworden wie ein Mensch ohne Hilfe, entlassen zu den Toten, den Erschlagenen gleich, die im Grabe schlafen, derer Du nicht mehr gedenkst und die von Deiner hilfreichen Hand geschieden sind. Man brachte mich in die unterste Grube, in Finsternis und Schatten des Todes. Schwer lastet Dein Grimm auf mir, all Deine Wogen gehen über mich hin. Meine Freunde hast Du mir entfremdet, hast mich ihnen zum Abscheu gemacht. Ich bin ausgeliefert und habe keinen Ausweg: meine Augen erlöschen vor Elend. Ich rufe Dich an, Herr, den ganzen Tag. Ich strecke meine Hand aus nach Dir. Wirst Du an den Toten Wunder tun? Stehen die Schatten auf und künden Dein Lob? Wird Deine Barmherzigkeit im Grabe verkündigt und Deine Treue im Abgrund? Werden Deine Wunder in der Finsternis kund, Deine Gerechtigkeit im Lande des Vergessens? Darum schreie ich zu Dir, o Herr, und lasse am frühen Morgen mein Gebet vor Dich kommen. Warum verstößest Du meine Seele, verbirgst Dein Antlitz vor mir? Arm bin ich und mühselig von Jugend auf, erhöht und doch gedemütigt und betrübt. Dein Zorn geht über mich hin, Deine Schrecknisse vernichten mich. Sie umfluten mich wie Wasser immerfort; sie umringen mich allzumal. Den Freund und Genossen hast Du mir entfremdet, mein Vertrauter ist die Finsternis.

O Herr, Du Gott meines Heils, ich rufe um Hilfe bei Tage und schreie des Nachts vor Dir. Laß mein Gebet vor Dich kommen, neige Dein Ohr zu meinem Flehen, Herr!

Psalm 102 Preise, meine Seele, den Herrn, alles in mir lobsinge Seinem heiligen Namen! Preise, meine Seele, den Herrn, und vergiß nicht, was Er dir Gutes getan! Der dir all deine Schuld vergibt und all deine Gebrechen heilt. Aus der Grube erlöst Er dein Leben, Er krönt dich mit Huld und Erbarmen. Dein Leben erfüllt Er mit Gütern, wie dem Adler wird

deine Jugend dir neu. Werke der Gerechtigkeit vollbringet der
Herr, den Unterdrückten schaffet Er Recht. Kundgetan hat Er
Seine Wege dem Mose, Israels Kindern Sein Walten. Der Herr
ist barmherzig und gnädig, zögernd im Zorn und reich an Erbarmen. Er hadert nicht immer, nicht ewig währet Sein
Zürnen. Nicht handelt Er an uns nach unseren Sünden, und
nach den Missetaten vergilt Er uns nicht. Denn so hoch der
Himmel über der Erde, so groß ist Seine Barmherzigkeit gegen
die Frommen. So weit der Aufgang vom Niedergang, so weit
entfernt Er von uns die Schuld. Gleichwie ein Vater sich er-
barmet der Kinder, so erbarmt sich der Herr über alle, die Ihn
fürchten. Weiß Er doch, welch ein Gebilde wir sind, Er weiß,
wir entstammen dem Staub. Des Menschen Tage gleichen dem
Gras, er blüht wie die Blume des Feldes. Ein Hauch des
Windes, schon ist sie dahin; und der Ort, wo sie stand, er hat
sie vergessen. Doch immer und ewig ist mit den Frommen die
Gnade des Herrn, mit den Kindern ihrer Kinder seine Ge-
rechtigkeit. Mit jenen, die Seinem Bunde getreu, die bedacht
sind, zu handeln nach Seinen Geboten. Seinen Thron hat der
Herr bereitet im Himmel, Seine Königsmacht gebietet dem
Weltall. Preiset den Herrn, all Seine Engel, ihr Gewaltigen, die
ihr vollführet Seine Befehle, gehorsam Seinem gebietenden
Worte. Lobet den Herrn, alle himmlischen Heere, ihr Seine
Diener, die ihr vollführt Seinen Willen. Preiset den Herrn, all
Seine Werke, an jedem Ort Seiner Herrschaft! Du, meine
Seele, preise den Herrn.

An jedem Ort Seiner Herrschaft! Du, meine Seele, preise
den Herrn.

Psalm 142   Herr, höre auf mein Gebet, vernimm mein
Flehen in Deiner Treue, in Deiner Gerechtigkeit erhöre mich!
Gehe nicht ins Gericht mit Deinem Knecht; denn kein Le-
bender ist vor Dir gerecht. Der Feind trachtet mir nach dem
Leben; er beugt mich zu Boden, legt mich in Finsternis gleich
einem ewig Toten. Mein Geist in mir will verzagen, mein Herz

erstarrt mir in der Brust. Ich gedenke vergangener Tage, ich sinne nach über all Dein Tun und erwäge das Werk Deiner Hände. Ich breite meine Hände aus nach Dir; meine Seele ist vor Dir wie lechzendes Land. Erhöre mich bald, o Herr, mein Geist verläßt mich. Verbirg Dein Angesicht nicht vor mir, daß ich nicht denen gleich werde, die zur Grube fahren! Laß mich frühe Deine Gnade hören, denn ich vertraue auf Dich. Tue mir kund den Weg, den ich gehen soll, denn zu Dir erhebe ich meine Seele. Errette mich vor meinen Feinden, o Herr! Zu Dir nehme ich meine Zuflucht. Lehre mich Deinen Willen befolgen, denn Du bist mein Gott; Dein guter Geist geleite mich auf ebener Bahn, um Deines Namens willen, Herr, erhältst Du mich. In Deiner Treue führst Du meine Seele aus der Not. In Deiner Gnade zerstreust Du meine Feinde und vernichtest alle, die mich bedrängen; denn ich bin Dein Knecht.

In Deiner Gerechtigkeit erhöre mich! Gehe nicht ins Gericht mit Deinem Knechte. Dein guter Geist führe mich auf ebener Bahn.

Ehre sei dem Vater und dem Sohne und dem Heiligen Geiste jetzt und immerdar und in alle Ewigkeit. Amen.

Alleluja, alleluja, alleluja, Ehre sei Dir, o Gott. dreimal

PRIESTER oder DIAKON

In Frieden lasset uns zum Herrn beten!

CHOR: Herr, erbarme Dich.

Um den Frieden von oben und das Heil unserer Seelen lasset uns zum Herrn beten.

CHOR: Herr, erbarme Dich.

Um den Frieden der ganzen Welt, um den Wohlbestand der heiligen Kirchen Gottes und um die Einigung aller (Menschen) lasset uns zum Herrn beten.

CHOR: Herr, erbarme Dich.

Für dieses heilige Haus und für alle, die es mit Glauben, Ehrfurcht und Gottesfurcht betreten, lasset uns zum Herrn beten.

CHOR: Herr, erbarme Dich.

Für den rechtgläubigen Episkopat der Russischen Kirche, für unseren Herrn, den höchstgeweihten Metropoliten Vitalij, den Ersthierarchen der Russischen Auslandskirche, für unseren Herrn, den hochgeweihten Erzbischof Mark, für die ehrwürdige Priesterschaft, den Diakonat in Christus, für den gesamten geistlichen Stand und alles Volk lasset uns zum Herrn beten.

CHOR: Herr, erbarme Dich.

Für das leidgeprüfte russische Land und die orthodoxen Gläubigen, die in der Heimat und in der Zerstreuung leben, und für ihre Rettung lasset uns zum Herrn beten.

CHOR: Herr, erbarme Dich.

Für dieses Land, für die, die es regieren und es beschützen, lasset uns zum Herrn beten.

CHOR: Herr, erbarme Dich.

Für diese Stadt, für jede Stadt und jedes Land und für die Gläubigen, die darin leben, lasset uns zum Herrn beten.

CHOR: Herr, erbarme Dich.

Um Wohlbeschaffenheit der Luft, um reiches Gedeihen der Früchte der Erde und friedliche Zeiten lasset uns zum Herrn beten.

CHOR: Herr, erbarme Dich.

Für die Reisenden zu Wasser, zu Lande und in der Luft, für die Kranken und Leidenden, für die Gefangenen und um ihr Heil lasset uns zum Herrn beten.

CHOR: Herr, erbarme Dich.

Auf daß wir erlöst werden von aller Trübsal, Zorn, Gefahr und Not, lasset uns zum Herrn beten.

CHOR: Herr, erbarme Dich.

Stehe bei, errette, erbarme Dich und bewahre uns, o Gott, durch Deine Gnade.

CHOR: Herr, erbarme Dich.

Unserer allheiligen, allreinen, über alles gesegneten und ruhmreichen Gebieterin, der Gottesgebärerin und Immerjungfrau Maria, mit allen Heiligen eingedenk, lasset uns uns selbst und einander und unser ganzes Leben Christus, unserem Gott, befehlen.

CHOR: Dir, o Herr.

PRIESTER: Denn Dir gebührt aller Ruhm, Ehre und Anbetung, dem Vater und dem Sohne und dem Heiligen Geiste jetzt und immerdar und in alle Ewigkeit.

CHOR: Amen.

D/PR: Gott ist der Herr und ist uns erschienen; gesegnet, der da kommt im Namen des Herrn.

Danket dem Herrn, denn Er ist gütig, denn in Ewigkeit währt Seine Huld.

CHOR: Gott ist der Herr und ist uns erschienen; gesegnet, der da kommt im Namen des Herrn.

Sie umringten mich allenthalben, aber im Namen des Herrn habe ich ihnen widerstanden.

CHOR: Gott ist der Herr und ist uns erschienen; gesegnet, der da kommt im Namen des Herrn.

Ich werde nicht sterben, sondern leben und die Werke des Herrn verkündigen.

CHOR: Gott ist der Herr und ist uns erschienen; gesegnet, der da kommt im Namen des Herrn.

Der Stein, den die Bauleute verworfen haben, ist zum Eckstein geworden; das ist geschehen von dem Herrn, und es ist ein Wunder vor unseren Augen.

CHOR: Gott ist der Herr und ist uns erschienen; gesegnet, der da kommt im Namen des Herrn.

CHOR: Troparion Ton 2

Der ehrwürdige Joseph nahm Deinen Leib vom Holze, hüllte ihn in reines Linnen, bedeckte ihn mit wohlduftenden Spezereien und legte ihn in ein neues Grab.

Ehre sei dem Vater und dem Sohne und dem Heiligen Geiste.

Als Du zum Tode hinabkamst, Du unsterbliches Leben, da hast Du den Hades getötet durch den Blitzstrahl der Gottheit. Als Du aber auch die Verstorbenen aus der Unterwelt auferwecktest,da haben alle himmlischen Kräfte gerufen: Lebensspender, Christus unser Gott, Ehre sei Dir.

Jetzt und immerdar und in alle Ewigkeit. Amen.

Den Myrrhen-Öl tragenden Frauen rief der am Grabe stehende Engel zu: Das Salböl gebührt einem Verstorbenen; Christus aber hat Sich als der Verwesung fremd erwiesen.

STASIS 1 Ton 5

Sei gepriesen, Herr, lehre mich Deine Gebote.

Selig, deren Weg ohne Makel, die wandeln im Gesetze des Herrn.

Du Christus, Du das Leben, wurdest in das Grab gelegt, und die Heere der Engel entsetzten sich, Dein Herniedersteigen verherrlichend.

Selig, die Seine Weisung befolgen, die von ganzem Herzen Ihn suchen.

Wie kannst Du, das Leben, sterben? Wie bewohnst Du gar das Grab? Des Todes Reich jedoch vernichtest Du; des Hades Tote richtest Du auf.

Die aber verüben kein Unrecht, die schreiten auf Seinen Wegen.

Wir preisen Dich, Jesus, König, wir verehren Deine Grablegung und Deine Leiden; durch sie hast Du uns vom Verderben errettet.

Du Selber hast erlassen Deine Gebote, auf daß sie gehalten werden in Treue.

Jesus, Allherrscher, die Grenzen der Erde hast Du festgelegt und wohnst heute in der Enge des Grabes. Und aus den Gräbern erweckst Du die Toten.

Wären doch meine Wege beständig, zu befolgen, was Du befohlen.

Jesus, mein Christus, König des Alls, was suchst Du, daß Du zu den Bewohnern des Hades hinuntergestiegen bist? Oder willst Du das Menschengeschlecht befreien?

Dann werde ich nimmer zuschanden, wenn ich merke auf jedes Deiner Gebote.

Der Gebieter aller wird als Toter geschaut und in das neue Grab gelegt, Der die Gräber der Toten leerte.

Aus lauterem Herzen will ich Dich preisen, wenn ich erlerne Deine gerechten Beschlüsse.

Du, das Leben, wurdest in das Grab gelegt, hast durch Deinen Tod den Tod vernichtet und und ließest der Welt das Leben hervorquellen.

Deine Verordnungen will ich befolgen, Du aber verlasse mich nimmermehr.

Mit den Verbrechern wurdest Du, Christus, für einen Verbrecher gehalten: Du, der uns alle freisprichst von der Schuld der Bosheit des alten Feindes.

Wie hält der Jüngling rein seinen Pfad? Wenn er bewahrt Deine Worte.

Der in Schönheit blühet mehr als alle Sterblichen, erscheint als ein unansehnlicher Toter, Er der die Natur aller geschmückt hat.

Von ganzem Herzen suche ich Dich, laß mich nicht weichen von Deinen Geboten.

Wie will der Hades Deine Ankunft, Erlöser, ertragen? Wird er nicht leiden und sich verfinstern, blendet ihn der Blitzstrahl Deines Lichtes?

Ich berge in meinem Herzen Dein Wort, auf daß ich nicht sündige wider Dich.

Wie konntest Du, mein liebster Jesu und heilbringendes Licht, Dich im dunkeln Grabe verbergen? Gepriesen sei Deine unsagbare, unaussprechliche Geduld!

Sei gepriesen, Herr, lehre mich Deine Gebote.

Christus, die überirdische Welt, die Heerschar der unkörperlichen Engel, staunte über das Mysterium Deiner unsagbaren und und unaussprechlichen Grablegung.

Mit meinen Lippen will ich verkünden jeden Spruch Deines Mundes.

Welch unerhörtes Wunder, welch neues Werk: Der Meister meines Lebens wird ohne Odem fortgetragen und läßt Sich bedienen von der Hand Josephs.

Am Weg, den Du vorgeschrieben, habe ich Freude, mehr, als hätt' ich die Fülle des Reichtums.

Du verbargst Dich im Grab, Christus, und hast Dich aus des Vaters Schoß nicht entfernt. Dies ist neu und zugleich wunderbar.

Sinnend erwäge ich deine Satzungen, gar wohl überdenke ich Deine Pfade.

Jesus, wahrer König des Himmels und der Erde, auch eingeschlossen in einem kleinen Grab, wurdest Du von allen erkannt.

Deine Weisungen sind meine Wonne, nimmer will ich vergessen Dein Wort.

Als man Dich ins Grab legte, Christus, Bildner und Schöpfer, wurden die Grundfeste des Hades erschüttert, und die Gräber der Toten taten sich auf.

Tu Gnade an Deinem Knechte, und ich lebe und ich werde halten Dein Wort.

Der mit der Hand die Erde festhält, Dessen Leichnam wird nun von der Erde festgehalten, Er, Der die Toten aus der Gewalt des Hades befreit.

Tu auf meine Augen, und schauen darf ich die Wunder Deines Gesetzes.

Von Tode bist Du auferstanden, Erlöser, mein Leben, nachdem Du gestorben bist und zu den Toten kamst und die Riegel des Hades zerbrachst.

Ein Fremder bin ich auf Erden, verbirg Deine Gebote nicht vor mir.

Wie ein brennender Leuchter unter einem Scheffel so wird heute Gottes Leib unter der Erde verborgen und vertreibt die Finsternis, die im Hades herrscht.

Es vergeht meine Seele vor Sehnsucht, allzeit verlangend nach Deinem Gesetz.

Die Schar der geistigen Heerscharen der Engel vereinen sich mit Joseph und Nikodemus, Dich, den Unbegrenzten, in ein kleines Grab zu legen.

Du drohtest den Stolzen, Fluch über alle, die weichen von Deinem Gebot.

Freiwillig ließest Du Dich töten und in die Erde legen, mein Jesus, Lebensspender. Mich, den durch bittere Übertretungen Getöteten, hast Du wiederbelebt.

Nimm hinweg von mir Verachtung und Schmach, denn ich befolge Deine Befehle.

Die ganze Schöpfung veränderte sich bei Deinem Leiden. Denn mit Dir litt alles, was Dich als den Beherrscher des Alls erkannt hat.

Mächtige sitzen zu Rate, wider mich zu beschließen; Deine Beschlüsse allein betrachtet Dein Knecht.

Des Lebens Felsen nahm der allverzehrende Hades in seinen Schlund und spie die Toten aus, die er von Urzeit her verschlungen hat.

Deine Zeugnisse sind meine Wonne, Deine Weisungen meine Berater.

In ein neues Grab wurdest Du gelegt, Christus, und die Natur der Sterblichen erneuertest Du, denn als Gott bist Du von den Toten auferstanden.

Es liegt meine Seele im Staub, getreu Deinem Worte schaffe mir Leben.

Um Adam zu retten, bist Du auf die Erde herabgestiegen, Gebieter. Als Du ihn auf der Erde nicht fandest, stiegst Du suchend hinab bis zum Hades.

Ich habe Dir kundgetan meine Wege, und Du hast mich erhört; lehre mich Deine Gesetze.

Vor Furcht erzitterte die ganze Erde, o Wort; und die Sonne verbarg ihre Strahlen, da Du, die größte Lichtquelle, in der Erde verborgen wurdest.

Laß mich wissen den Weg Deiner Vorschrift, und Deine Wunder will ich sinnend betrachten.

Als Mensch zwar stirbst Du freiwillig, Erlöser, aber als Gott erwecktest Du die Toten aus den Gräbern und aus dem Abgrund der Sünden.

Tränen entquellen meiner Seele vor Kummer, nach dem Worte richte mich auf.

Ströme von Tränen und Klagen hat mütterlich die Allreine über Dich vergossen, Jesus, und rief: Wie soll ich Dich begraben, Sohn?

Vom Wege der Lüge halte mich fern, gib mir die Gnade Deines Gesetzes.

Wie das Weizenkorn wurdest Du in den Schoß der Erde gelegt, so gabst Du eine reiche Ähre, ließest die von Adam abstammenden Menschen auferstehen.

Erkoren habe ich den Weg Deiner Wahrheit, Deine Weisungen begehre ich.

In der Erde verbargst Du Dich, und wurdest wie die jetzt untergehende Sonne von der Todesmacht umhüllt. Doch steige empor, Erlöser, und erstrahle noch heller.

Ich halte mich an Deine Gebote, Herr, laß mich nicht zuschanden werden.

Wie der Mond die Scheibe der Sonne verhüllt, so verhüllt Dich, Erlöser, jetzt das Grab, da Du leiblich starbst.

Eilen will ich den Weg Deiner Ordnung, denn weit gemacht hast Du mein Herz.

Nachdem Du, Christus, das Leben, den Tod gekostet hast, befreitetest Du die Sterblichen vom Tode und schenkst jetzt allen das Leben.

Zeige mir, Herr, Deiner Satzungen Weg, so will ich ihm folgen dafür zum Lohn.

Den einst aus Neid getöteten Adam führst Du durch Deinen Tod zum Leben zurück. Denn erschienen bist Du, Erlöser, als neuer Adam im Fleische.

Schenke mir Einsichtsicht, daß ich Dein Gesetz bewahre und es befolge von ganzem Herzen.

Als die geistigen Heerscharen der Engel Dich als Toten um unseretwillen sahen, erschraken sie und bedeckten Dich, Heiland, mit ihren Schwingen.

Führe mich auf dem Pfade, denn Du geboten, den ich habe Gefallen an ihm.

Als Toten nahm Dich, Wort, Joseph vom Kreuze herab und legte Dich in das Grab; doch erstehe auf und rette alles als Gott.

Zu Deinen Zeugnissen neige mein Herz und nicht zu schnödem Gewinn.

Bei Deiner Geburt, Erlöser, freuten sich die Engel, und jetzt trauern sie über Dich, da sie Dich ohne Odem als Toten sehen.

Meine Augen wende ab, daß sie Eitles nicht schauen, durch Dein Wort verleihe mir Leben.

Erhöht am Kreuz, hast Du auch die Lebenden mit Dir erhoben. Als Du unter die Erde gekommen bist, hast Du auch die unter der Erde Liegenden auferstehen lassen.

Was Deinem Knecht Du verheißen, mache es wahr, was Du jenen zugesagt, die Dich fürchten.

Wie ein Löwe, Erlöser, bist Du im Fleische entschlafen. Wie ein junger Löwe stehst Du vom Tode auf, streifst ab das Alter des Fleisches.

Die Schmach, vor der ich bange, halte mir fern, Deine Beschlüsse machen mich froh.

Adams Seite hast Du genommen und aus ihr Eva gebildet. Deine Seite wurde durchbohrt und ließ reinigende Quellen hervorströmen.

Siehe, ich verlange nach Deinen Geboten; der Du gerecht bist, verleihe mir Leben.

Vor allen Zeiten wurde einst im Geheimen das Lamm geopfert. Du, Geduldiger, aber wurdest vor allen sichtbar geopfert, und hast die ganze Schöpfung gereinigt.

Es komme über mich Dein Erbarmen, o Herr, Deine Hilfe, wie Du verheißen.

Wer könnte das furchtbare, wahrlich unerhörte Ereignis wohl in Worte fassen? Der über die Schöpfung gebietet, nimmt heute das Leiden auf sich und stirbt für uns.

Und Rede will ich stehn meinen Spöttern, weil Deinem Wort ich vertraue.

Wie ist es möglich, daß man den Meister des Lebens tot erblickt? Die Engel erschraken und riefen: Wie kann Gott in ein Grab eingeschlossen werden?

Nicht entzieh meinem Munde das Wort der Wahrheit, denn ich hoffe auf Deine Weisung.

Aus Deiner lanzendurchbohrten Seite, Erlöser, quillt Leben auf mein im Irdischen ersticktes Leben und macht mich lebendig.

Dein Gesetz will ich immer befolgen, immerdar und auf ewig.

Ausgebreitet am Kreuz, hast Du die Menschen versammelt, Jesus, und Deine lebenströmende Seite läßt Du durchbohren und allen Vergebung quellen.

So darf ich wandeln auf weiter Bahn, denn ich trachte nach Deinen Geboten.

Heiland, der Ehrwürdige Joseph schmückt Dich in Ehrfurcht und begräbt Dich wie einen Toten in ehrwürdiger Weise und erschrickt vor Deinem furchtbaren Anblick.

Vor Königen will ich Dein Zeugnis verkünden, und ich werde nimmer zuschanden.

Unter die Erde bist Du freiwillig als Toter gestiegen, Jesus, und Du führst von der Erde zum Himmel empor die, die von dort heruntergestürzt sind.

Ja, ich freue mich Deiner Befehle, die ich von ganzem Herzen liebe.

Jesus, auch wenn Du als Toter gesehen wurdest, so führst Du doch, lebend als Gott, die Sterblichen von der Erde zum Himmel empor und machst aufs Neue lebendig die, die von dort heruntergestürzt worden sind, o Jesus.

Zu Deinen Geboten, die ich lieben lernte, erhebe ich meine Hände.

Auch wenn Du als Toter gesehen wurdest, so hast Du doch, lebend als Gott, die getöteten Menschen aufs Neue lebendig gemacht, weil Du meinen Mörder - den Tod - getötet hast.

Über Deine Satzungen will ich sinnen.

O, dieser Freude, ob der vielen Wonnen, mit der Du im Hades die Sterblichen erfülltest, als Du Dein Licht in seinen finsteren Tiefen erstrahlen ließest!

Gedenke des Wortes an Deinen Knecht, mit dem Du mir Hoffnung gegeben.

Vor Deinem Leiden verneige ich mich, ich preise in Hymnen Dein Begräbnis; ich erhebe, Freund der Menschen, Deine Macht. Denn durch sie wurde ich von den verderbenbringenden Leidenschaften, befreit.

Das ist mir Trost in meiner Betrübnis, daß mir Leben spendet Dein Wort.

Wider Dich, Christus, war das Schwert gezückt, und das Schwert des Mächtigen wurde stumpf, und jenes das Paradies bewachende Schwert weicht zurück.

Gar heftig greifen die Stolzen mich an, ich aber will Deinem Gesetze nicht weichen.

Als die Mutter des Lammes sah, wie ihr Lamm geschlachtet wurde, weinte sie, wie von Speerspitzen getroffen und rief alle (die ganze Herde) zu diesem Wehklagen.

Denke ich Deiner Gerichte in den Tagen der Vorzeit, Herr, so bin ich getröstet.

Christus, wirst Du auch in das Grab gelegt, gehst in den Hades, so hast Du doch die Gräber leergemacht und den Hades entblößt.

Zorn erfaßt mich wegen der Sünder, die Deine Gebote übertreten.

Freiwillig bist Du, Erlöser, unter die Erde hinabgestiegen und hast die Sterblichen, die Getöteten, zum Leben erweckt und sie in die Herrlichkeit des Vaters emporgeführt.

Deine Satzungen tönen mir wie Gesänge im Hause meiner Pilgerschaft.

Der Eine der Dreieinigkeit erduldete im Fleische für uns den schmachvollen Tod. Es entsetzte sich die Sonne, und die Erde erbebte.

In der Nacht gedenke ich Deines Namens, Herr, und Dein Gesetz will ich wahren.

Wie aus einer bitteren Quelle geboren, haben die Söhne des Stammes Juda in eine Grube gelegt Ihn, Der sie mit Manna genährt hat.

Dies kommt mir zu: daß ich befolge, was Du befohlen.

Der Richter aller erscheint als Verurteilter vor dem Richter Pilatus und wird zum ungerechten Kreuzestode verurteilt.

Mein Anteil ist es - so sage ich dem Herrn -, gehorsam zu sein Deinem Worte.

Hochmütiges Israel, mörderisches Volk, warum befreist du den Barabbas, aber übergibst den Erlöser dem Kreuze?

Zu Deinem Angesicht fleh' ich von Herzen, wie Du versprochen, erbarme Dich mein.

Der Du mit Deiner Hand den Adam aus der Erde gebildet hast, um seinetwillen wurdest Du dem Wesen nach Mensch und wurdest nach Deinem Willen gekreuzigt.

Ich habe überdacht meine Wege, meine Füße gelenkt zu Deinen Geboten.

Deinem Vater gehorsam, Wort, stiegst Du bis zum furchtbaren Hades hinab und hast wieder erweckt das Menschengeschlecht.

Ich eile, ich zögere nicht, gehorsam zu sein Deinem Auftrag.

Weh mir, Du Licht der Welt! Weh mir, mein Licht. Mein liebenswürdigster Jesus: so rief die Jungfrau bitterlich weinend.

Stricke der Frevler wollten mich fangen, doch Dein Gesetz vergesse ich nicht.

Das neidische, mörderische und hochmütige Volk soll sich des Linnens und des Schweißtuches schämen, nachdem Christus auferstanden ist.

Mitten in der Nacht erhebe ich mich, Dich zu preisen für Deine gerechten Beschlüsse.

Schändlicher Jünger und Mörder, komm und zeige mir die Art deiner Bosheit, die dich zum Verräter an Christus werden ließ.

Allen, die Dich fürchten, bin ich ein Freund, allen, die befolgen Deine Befehle.

Als du das Myrrhenöl für Geld verkaufen wolltest, heucheltest du, Tor und Blinder, von Grund auf Verderbter und Ungetreuer die Menschengüte .

Voll ist die Erde von Deiner Huld, lehre mich, Herr, Deine Weisung.

Welchen Preis bekamst du für die himmlische Myrrhe? Was erhieltst du als Entgelt für das Ehrwürdige? Dem Wahnsinn fielst du anheim, fluchbeladener Satan.

Gutes getan hast Du Deinem Knechte, nach Deinem Worte, o Herr.

Wenn du wirklich ein Freund der Armen und betrübt wegen der für die Reinigung des Seele ausgegossene Myrrhe, wieso hast du dann für Geld den Lichtstrahlenden verkaufst?

Lehre mich Urteil und Einsicht, denn ich baue auf Deine Gebote.

Gottes Wort, du meine Wonne, wie soll ich Deine drei-tägige Grabesruhe ertragen. Jetzt empfinde ich in meinem In-neren Qualen als Mutter.

Bevor mich Trübsal getroffen, wandelte ich in der Irre; nun aber folge ich Deinem Wahrspruch.

Wer wird mir Wasser geben und Tränenbäche, meinen liebsten Jesus zu beweinen, rief die Braut Gottes und Jungfrau?

Gut bist Du, und Gutes teilest Du aus, lehre mich deine Ordnung.

Ihr Berge und Täler und ihr, die Schar der Menschen: Weinet und wehklaget alle mit mir, der Mutter eures Gottes.

Die Stolzen ersinnen gegen mich Lüge, ich halte aber von Herzen Deine Gebote,

Erlöser, wann werde ich Dich schauen, das zeitlose Licht, die Freude und die Wonne meines Herzens? So rief kla-gend die Jungfrau.

Fühllos geworden wie aus Fett ist ihr Herz, ich aber habe Freude an Deinem Gesetz.

Hast Du auch wie ein zum Eckstein gehauener Fels, die Wunde erduldet, Erlöser, so ließeset Du, Quelle des Lebens, einen lebendigen Strom hervorquellen.

Wohl mir, daß Trübsal mich traf, auf daß ich Deine Ord-nungen lerne.

Wie aus einer Quelle, die den zweifachen Strom - Blut und Wasser - aus Deiner Seite ergoß, erquickten wir uns und schöpften daraus das unsterbliche Leben.

Lieber ist mir Deines Mundes Gesetz als aller Reichtum an Silber und Gold.

Willig erschienst Du im Grabe als Toter, Wort; doch Du lebst und wirst die Menschen, wie Du es vorausgesagt hast, Erlöser, durch Deine Auferstehung auferwecken.

Ehre sei dem Vater und dem Sohne und dem Heiligen Geiste.

Dich, den Gott aller, besingen wir in Hymnen, mit dem Vater und Deinem Heiligen Geist und preisen Deine göttliche Grablegung.

Jetzt und immerdar und in alle Ewigkeit. Amen.

Reine Gottesgebärerin, dich preisen wir selig und verehren gläubig die dreitägige Grablegung Deines Sohnes und unseres Gottes.

Du Christus, Du das Leben, wurdest in das Grab gelegt, und die Heere der Engel entsetzten sich, Dein Herniedersteigen verherrlichend.

DIAKON/PRIESTER:

Wieder und wieder lasset uns in Frieden zum Herrn beten.

CHOR: Herr, erbarme Dich.

Stehe bei, errette, erbarme Dich und bewahre uns, o Gott, durch Deine Gnade.

CHOR: Herr, erbarme Dich.

Unserer allheiligen, allreinen, über alles gesegneten und ruhmreichen Gebieterin, der Gottesgebärerin und Immerjungfrau Maria mit allen Heiligen eingedenk, lasset uns uns selbst und unser ganzes Leben Christus, unserem Gott, befehlen.

CHOR: Dir, o Herr.

PRIESTER: Denn gelobt wird Dein Name und verherrlicht Dein Reich, des Vaters und des Sohnes und des Heiligen Geistes, jetzt und immerdar und in alle Ewigkeit.

CHOR: Amen.

STASIS 2 Ton 5

Würdig ist es, Dich, den Spender des Lebens, zu preisen, am Kreuze hast Du die Hände ausgebreitet und die Macht des Feindes zerstört.

Es haben Deine Hände mich gemacht und gebildet; gib mir Einsicht, und ich verstehe Deine Gebote.

Würdig ist es, Dich, den Schöpfer aller, zu preisen; denn durch Deine Leiden haben wir die Leidenschaftslosigkeit erlangt und wurden vom Verderben erlöst.

Die Dich fürchten, sie schauen auf mich in Freude, weil ich Deinem Worte vertraute.

Erlöser, Christus, die Erde erbebte und die Sonne verbarg sich, als Du, das unvergängliche Licht, mit Deinem Leibe im Grabe versankst.

Ich erkannte, o Herr, Deine Beschlüsse sind recht, zu Recht auch hast Du mich niedergebeugt.

Du bist entschlafen zum natürlichen, aber lebenspendenden Schlaf im Grabe, Christus, und wecktest das Menschengeschlecht aus dem tiefen Schlaf der Sünde.

Nahe sei Dein Erbarmen, daß es mich tröste, so hast Du Deinem Knechte verheißen.

Als einzige unter den Frauen habe ich Dich ohne Schmerzen geboren, Kind; unerträgliche Schmerzen ertrage ich durch Dein Leiden, sprach die Reine.

Deine Barmherzigkeit komme über mich, daß ich lebe, denn Dein Gesetz ist mir Wonne.

Erschauernd sehen Dich die Seraphim, wie Du, Erlöser, in der Höhe unzertrennlich vom Vater bist, unten aber als ein Toter auf der Erde ausgestreckt.

Schande über die Stolzen, die mich bedrücken zu Unrecht, ich aber will mich üben in Deinem Gebot.

Bei Deiner Kreuzigung, Wort, reißt der Vorhang des Tempels auseinander und die Sterne verhüllen ihr Licht, als Du, Sonne, Dich unter der Erde verbargst.

Es sollen stehn zu mir, die Dich fürchten, die Sorge tragen um Deine Verordnung.

Durch einen einzigen Wink hast Du im Anfang den Erdkreis zusammengefügt, ohne Atem bist Du wie ein Sterblicher in der Erde begraben. Himmel, erschaudere bei diesem Anblick.

Untadelig bleibe mein Herz in Deinen Beschlüssen, so werde ich nimmer zuschanden.

Mit Deiner Hand hast Du den Menschen erschaffen und entsankst unter die Erde, um mit allgewaltiger Kraft die Scharen der Menschen vom Fall aufzurichten.

Es verlangt meine Seele nach Deiner Hilfe, Deinem Worte vertraue ich.

Wie einst die salböltragenden Frauen, lasset uns dem gestorbenen Christus das heilige Klagelied singen, damit auch wir mit ihnen das "Seid gegrüßt" hören.

Deine Augen schmachten nach Deiner Verheißung; wann wirst Du mich trösten?

Wort, Du bist in Wahrheit das unerschöpfliche, nie zur Neige gehende Myrrhenöl; deshalb brachten auch Dir, dem Lebendigen, wie einem Toten die Frauen das Myrrhenöl dar.

Ich war wie ein Schlauch, der im Rauch verdorrt, von Deinen Satzungen aber lasse ich nicht.

Im Grabe machst Du des Hades Reiche, o Christus, zuschanden. Durch den Tod tötest Du den Tod und befreist von der Verwesung die Söhne der Erde.

Wie viele Tage noch soll Dein Knecht warten; wann wirst Du richten, die mich verfolgen?

Die Weisheit Gottes vergießt Ströme des Lebens, steigt in das Grab nieder und erweckt wieder zum Leben, die sich in unzugänglichen Kammern des Hades befinden.

Die Stolzen heben mir Gruben aus, sie, die nicht nach Deinem Gesetz handeln.

Um die zerschlagene Natur der Menschen zu erneuern, ließ ich Mich freiwillig tödlich treffen, wenn auch nur dem Leibe nach: Meine Mutter, quäle dich nicht mit Tränen.

Alle Deine Gebote sind Wahrheit; hilf mir wider jene, die mich mit Lüge verfolgen.

Unter die Erde sankest Du hinab, Sonne der Gerechtigkeit, und erweckst die Toten wie aus dem Schlafe und hast alles Dunkel des Hades verjagt.

Fast hätten sie mich getilgt von der Erde, ich aber ließ nicht ab von Deinen Befehlen.

Das aus zwei Naturen bestehende, lebendige Korn wird heute unter Tränen in die Furchen der Erde gesät. Aufsprossend wird es die Welt mit Freude erfüllen.

Nach Deinem Erbarmen belebe mich, und Deines Mundes Zeugnis will ich bewahren.

Adam erschrak, als Gott im Paradiese dahinschritt. Nun freut sich der einst Gefallene , da Gott zum Hades kam, und wird nun auferweckt.

Dein Wort, o Herr, bleibt auf ewig bestehen, beständig wie die Feste des Himmels.

Als Du leiblich in das Grab gelegt wurdest, Christus, spendete Dir Ströme von Tränen, die Dich gebar, und rief aus: Erstehe auf, Kind, wie Du es vorausgesagt hast.

Deine Treue waltet von Geschlecht zu Geschlecht; Du hast die Erde gegründet, und sie besteht.

Ehrfürchtig bestattet Dich Joseph im neuen Grab. Dir, Erlöser, singt er würdige, mit Klagen vermischte Totenhymnen.

Nach Deiner Ordnung dauern sie allezeit, dienen muß Dir das All.

Als Deine Mutter, Wort, Dich mit Nägeln ans Kreuz geheftet sah, ward ihre Seele von Nägeln bitterer Trauer und von Pfeilen durchbohrt.

Wäre nicht Dein Gesetz meine Wonne, ich wäre vergangen im Elend.

Als die Mutter sah, wie Du, die Hoffnung aller, mit bitterem Tranke getränkt wardst, rannen bittere Ströme von Tränen aus ihren Augen.

Nicht in Ewigkeit vergesse ich Deine Gebote, denn Du gabst mir Leben durch sie.

Ich bin furchtbar verwundet, und im Inneren zerrissen, als ich Dich, Wort, den Opfertod ungerecht erleiden sah. So sprach die Allreine weinend.

Dein bin ich, so gewähre mir Heil, denn ich forschte in Deinen Befehlen.

Wort, wie soll ich Dein liebliches Auge und Deine Lippen schließen? Wie soll ich Dich, wie einem Toten gebührender Weise bestatten? Ich fürchte mich, rief Joseph.

Es lauerten Sünder, mich zu verderben, ich aber war auf Deine Weisung bedacht.

Joseph und Nikodemus singen Grabeshymnen Dir, Christus, Der jetzt gestorben ist: Mit ihnen singen auch die Seraphim.

Aller Größe Ende sah ich, doch in endlose Weiten reicht Dein Gebot.

Erlöser, Du, der Gerechtigkeit Sonne, sinkst unter die Erde. Und wie der Mond sich verfinstert, so ist deine Mutter mit Trauer erfüllt, da sie Deines Anblickes beraubt wurde.

Wie liebe ich Dein Gesetz, es steht mir vor Augen den ganzen Tag.

Erlöser, der Hades erbebte, als er sah, wie Du, Lebensspender, seinen Reichtum raubtest und die seit der Urzeit Verstorbenen auferwecktest.

Dein Gebot macht mich klüger, als meine Feinde es sind, immerdar geht es mit mir.

Nach der Nacht erstrahlt in hellem Glanze die Sonne. Als Du, Wort, nach dem Tode auferstanden bist, erstrahlst Du leuchtend, wie aus einem Palastgemach hervorkommend.

Weiser bin ich geworden als alle meine Lehrer, weil ich erwäge, was Du mich weisest.

Als die Erde Dich, Schöpfer, in ihren Schoß aufgenommen hat, wurde sie durch das Beben geschüttelt, Erlöser, und die Toten wurden durch die Erschütterung aus dem Schlafe erweckt.

Höhere Einsicht hab' ich gewonnen als Greis, da ich befolge, was Du gebietest.

Mit Myrrhenöl haben Dich, Christus, jetzt Nikodemus und der ehrwürdige Joseph auf ungewöhnliche Weise gesalbt, und sie sprachen: Alle Erde, erstarre.

Von bösen Wegen halte fern meine Füße, auf daß ich bewahre Dein Wort.

Du, Spender des Lichtes, gingst unter die Erde, und mit Dir ging auch das Licht der Sonne unter. Durch das Beben wird die Schöpfung geängstigt, Dich laut als den Schöpfer des Alls verkündend.

Von Deinen Entscheidungen lasse ich nicht, denn Du selber hast mich gelehrt.

Ein aus Fels gehauener Stein verbirgt Dich, den Eckstein. Der sterbliche Mensch bestattet jetzt Gott wie einen Sterblichen in einem Grabe: Erde, erschaudere.

Deine Rede, wie ist sie meinem Gaumen süß, meinem Munde süßer als Honig.

Die Reine rief weinend: Siehe Kind, den Jünger, den Du geliebt hast, und Deine Mutter, und laß Deine liebe Stimme erschallen.

Durch Deine Satzung erlange ich Einsicht, darum hasse ich alle Wege der Lüge.

Da Du der Urheber des Lebens bist, hast Du, Wort, am Kreuze ausgestreckt, die Juden nicht getötet, vielmehr auch ihre Toten auferweckt.

Eine Leuchte ist Dein Wort meinem Fuße, auf meinem Wege ein Licht.

Als Du gelitten hast, hattest Du weder Gestalt noch Schönheit, Wort. Doch als Du auferstanden bist, erstrahltest Du herrlich und schmücktest die Menschen mit göttlichen Lichtstrahlen.

Geschworen hab' ich und will es halten und wahren, was Du verordnet als Recht.

Dem Fleische nach stiegst Du hinab in die Erde, Du, der Lichtspender, der keinen Abend kennt. Und da die Sonne es nicht zu ertragen vermochte, verfinsterte sie sich in der Vollglut des Mittags.

Wie sehr bin ich geschlagen, o Herr; erhalte mein Leben, wie Dein Wort mir verheißen.

Als die Sonne und der Mond sich zugleich verfinsterten, Erlöser, stellten sie symbolisch die wohlgesinnten Diener dar, da sie sich schwarze Gewänder (der Trauer) anlegten.

Laß Dir, Herr, meines Mundes Opfer gefallen und lehre mich Deine Gebote.

Auch wenn Du getötet wurdest, erkannte Dich der Hauptmann als Gott, rief Joseph. Wie also soll ich Dich, mein Gott, mit Händen berühren; ich fürchte mich.

Allezeit ist mein Leben gefährdet, doch nimmer vergesse ich Dein Gesetz.

Adam schlief. Doch er läßt aus seiner Seite den Tod hervorgehen. Du aber, Wort Gottes, da Du jetzt entschlafen bist, lässest aus Deiner Seite das Leben der Welt hervorquellen.

Die Sünder legten mir Schlingen, doch nicht bin ich abgeirrt von Deinen Geboten.

Du schliefst nur eine kurze Weile und machtest die Toten lebendig. Als Du auferstanden bist, hast Du, Gütiger, die von jeher Entschlafenen zum Leben erweckt.

Deine Ordnungen sind mein Erbe auf ewig, meinem Herzen zur Wonne.

Von der Erde wurdest Du erhoben, doch Du, der lebensströmende Weinstock, ließest den Wein der Erlösung hervorsprudeln. Ich verherrliche Deine Leiden und Dein Kreuz.

Ich neige mein Herz, nach Deiner Weisung zu leben in Treue auf immerdar.

Wie konnten die Führer der Engelscharen Dich nackt, blutig und verurteilt, Erlöser, schauen und die Kühnheit der Schergen dulden?

Geteilte Herzen sind mir ein Greuel, ich liebe allein Dein Gesetz.

Lärmendes und tückisches Volk der Hebräer, dir entging nicht der Wiederaufbau des Tempels. Warum hast du Christus (den Gesalbten) verurteilt?

Du bist mein Helfer, Du bist mein Schild, Deinem Worte darf ich vertrauen.

Mit einem Spottgewand bekleidest Du Dich, Gebieter des Alls. Du hast den Himmel befestigt und die Erde wunderbar geschmückt.

Ihr Übeltäter, weichet von mir, halten will ich meines Gottes Gebot.

Wie ein Pelikan ließest, Wort, Du Deine Seite aufreißen, gabst Deinen Kindern, die tot waren, das Leben und ließest ihnen Bäche des Lebens sprudeln.

Nimm mich auf nach Deiner Verheißung, so werde ich leben, und laß mich nicht zuschanden werden in meiner Hoffnung.

Josua brachte einst, als er die Heiden schlug, die Sonne zum Stillstand. Du Selbst aber verbargst Dich, die Fürsten der Finsternis niederwerfend.

Komm mir zu Hilfe, so bin ich gerettet, und immer will ich schauen auf Deine Befehle.

Den Schoß des Vaters nicht verlassend, bleibst Du dort, Barmherziger. Du geruhtest, Mensch zu werden, Christus, und bist zum Hades niedergestiegen.

Die abweichen von Deinem Gesetz, Du wirst sie verwerfen; denn all ihr Trachten ist Trug.

Der die Erde auf den Wassern schweben läßt, wird an das Kreuz erhoben, und ohne Odem nun auf die Erde gebettet. Sie ertrug es nicht und geriet furchtbar ins Beben.

Wie Schlacken nimmst Du hinweg alle Frevler auf Erden, darum liebe ich Deine Gebote.

Weh mir, Sohn! sprach klagend die Jungfrau, Den ich als einen König erhoffte, schaue ich jetzt als einen Verurteilten am Kreuze.

In Furcht vor Dir erschaudert mein Fleisch, ich fürchte Deine Gerichte.

Gabriel hat mir, als er niedergeschwebt ist, verkündet und gesagt, das Reich meines Sohnes Jesus bliebe ewig bestehen.

Recht und Gerechtigkeit hab' ich geübt; nicht übergib mich denen, die mich bedrängen.

Wehe, erfüllt ist die Weissagung Simeons: denn ein Schwert durchdrang mein Herz, Emmanuel.

Für Deinen Knecht verbürge Dich gut, daß mich die Stolzen nicht überwinden.

Wenn ihr euch doch schämtet vor den Toten, ihr Juden; der Lebensspender erweckte sie, aber ihr habt Ihn aus Neid getötet.

Nach Deiner Hilfe schmachten meine Augen voll Sehnsucht, nach der Gerechtigkeit, die Du verheißen.

Es entsetzte sich die Sonne und verfinsterte ihr Licht, Dich, mein Christus, das unsichtbare Licht, ohne Odem im Grabe verborgen zu sehen.

An Deinem Knechte handle nach Deiner Huld, und Deine Weisungen lehre mich.

Bitterlich weinte Deine ganz reine Mutter, als sie Dich, Wort, den unsagbaren und ewigen Gott, im Grabe sah.

Ich bin Dein Knecht, unterweise mich, daß ich wisse um Deine Befehle.

Da Deine ganz makellose Mutter, Deinen Tod, Christus, erblickte, rief sie bitterlich Dir zu: Du, Leben, verweile nicht bei den Toten.

Es ist Zeit, Herr, zu handeln; sie haben Dein Gesetz gebrochen.

Da er Dich, den Unsterblichen,die Sonne der Herrlichkeit, sah, erbebte der furchtbare Hades und gab sogleich die Gefesselten frei.

Darum schätze ich Deine Gebote höher als Gold, lieber sind sie mir als Edelsteine.

Ein großer und fürwahr erschreckender Anblick, ist jetzt zu schauen: denn der Urheber des Lebens nahm den Tod auf sich, um alle aufzuerwecken.

Darum richte ich mich nach allen Deinen Vorschriften, verhaßt sind mir alle Pfade der Lüge.

Gebieter, durchbohrt wird Deine Seite und angenagelt Deine Hände; aus Deiner Seite heilst Du die Wunde und die Unenthaltsamkeit der Hände der Urväter.

Wie sind Deine Ordnungen wunderbar, darum bewahret sie meine Seele.

Einst haben alle daheim den Sohn der Rachel beweint; heute wehklagt um den Sohn der Jungfrau die Schar der Jünger mit der Mutter.

Die Klarheit Deiner Worte erleuchtet, unmündige Kinder vermag sie zu lehren.

Schläge haben sie mit ihrer Hand den Wangen Christi versetzt, Der mit Seiner Hand den Menschen erschuf und die Kiefer des Tieres (Satans) zerschmetterte.

Lechzend öffne ich meinen Mund, nach Deinen Befehlen verlange ich.

Mit Hymnen verherrlichen wir, alle Gläubigen, jetzt Deine Kreuzigung und Dein Begräbnis: wir, die durch Dein Begräbnis vom Tode befreit sind.

Ehre sei dem Vater und dem Sohne und dem Heiligen Geiste.

Anfangloser Gott, Wort, und Du, Geist, von gleicher Ewigkeit; als Gütiger stärke die Christen wider ihre Feinde.

Jetzt und immerdar und in alle Ewigkeit. Amen.

Allreine, du unschuldsvolle Jungfrau, du hast das Leben geboren: stille die Streitigkeiten der Kirche und als die Gütige verleihe Frieden.

Würdig ist es, Dich, den Spender des Lebens, zu preisen, am Kreuze hast Du die Hände ausgebreitet und die Macht des Feindes zerstört.

DIAKON/PRIESTER:

Wieder und wieder lasset uns in Frieden zum Herrn beten.

CHOR: Herr, erbarme Dich.

Stehe bei, errette, erbarme Dich und bewahre uns,o Gott, durch Deine Gnade.

CHOR: Herr, erbarme Dich.

Unserer allheiligen, allreinen, über alles gesegneten und ruhmreichen Gebieterin, der Gottesgebärerin und Immerjungfrau Maria mit allen Heiligen eingedenk, lasset uns uns selbst und unser ganzes Leben Christus, unserem Gott, befehlen.

CHOR: Dir, o Herr.

PRIESTER: Denn heilig bist Du, unser Gott, der Du auf dem Throne der Herrlichkeit der Cherubim ruhest, und Dir senden wir den Lobpreis empor mit Deinem anfanglosen Vater und Deinem allheiligen, guten und lebendigmachenden Geiste, jetzt und immerdar und in alle Ewigkeit.

CHOR: Amen.

STASIS 3 Ton 3

Alle Geschlechter bringen ein Loblied Deiner Grablegung dar, mein Christus.

Wende Dich zu mir und erbarme Dich meiner, wie Du denen tust, die Deinen Namen verehren.

Nachdem Joseph von Arimatäa Dich vom Holze herabnahm, umhüllte er Dich mit Grablinnen und bestattete Dich im Grabe.

Lenke meinen Schritt nach Deiner Verheißung, kein Unrecht habe Gewalt über mich.

Die salbentragenden Frauen sind gekommen, mein Christus, und besorgen weise das Myrrhenöl.

Von der Menschen Bedrückung mache mich frei, und befolgen will ich Deine Befehle.

Komm, ganze Schöpfung, lasset uns Totenhymnen dem Schöpfer singen.

Laß leuchten über Deinem Knechte Dein Antlitz und lehre mich Deine Gebote.

Mit den myrrhetragenden Frauen lasset uns den Lebenden besonnen salben wie einen Toten.

Meine Augen fließen über von Tränen, weil viele nicht gehorchen Deinem Gesetze.

Du, dreimal seliger Joseph, bestatte den Leib Christi, des Lebenspenders.

Gerecht bist Du, Herr, und recht sind Deine Gerichte.

Die das Manna genährt hatte, wenden sich gegen den Wohltäter.

In Gerechtigkeit erließest Du Deine Befehle und in all Deiner Treue.

Die das Manna genährt hatte, bringen Galle mit Essig dem Erlöser.

Der Eifer für Dein Haus verzehrt mich, weil meine Widersacher Deine Worte vergessen.

Wehe dem Wahnsinn und dem Mord des Gesalbten (Christus) durch die Prophetenmörder.

Dein Spruch ist lauter und wahr, Deinem Knechte ist er teuer.

Als ein vernunftloser Diener verriet der Jünger die Unermeßlichkeit der Weisheit.

Ich bin gering und verachtet, doch Deine Satzung vergesse ich nicht.

Nachdem er den Retter verkauft hatte, stand der arglistige Judas als Gefangener da.

Dein Recht ist ewiges Recht, Deine Weisung ist Wahrheit.

Wie Salomo sagte: Der Mund der Frevelerischen ist ein tiefes Grab.

Heimgesucht haben mich Trübsal und Not, doch ist Dein Gebot meine Wonne.

Auf den gewundenen Wegen der gesetzlosen Hebräer sind Fußangeln und Fallstricke.

Dein Zeugnis ist ewig gerecht; lehre mich, so werde ich leben.

Joseph und Nikodemus bestatten in gebührender Weise den Toten, den Schöpfer.

Ich rufe aus ganzem Herzen: Erhöre mich, Herr! Und was Du mich weisest, will ich befolgen.

Lebensspender, Erlöser, Ehre sei Deiner Macht, die den Hades zerstört hat.

Ich rufe zu Dir, o schaffe mir Heil, und bewahren werde ich Deine Gebote.

Da die Allreine Dich daliegen sah, Wort, weinte sie wie eine Mutter.

Ich komme am frühen Morgen und flehe um Hilfe, ich harre auf Dein Wort.

O, mein liebster Lenz, mein liebstes Kind, wohin entschwand Deine Schönheit?

Vor der Nachtwache werden die Augen mir wach, zu erwägen das Wort Deiner Lehre.

Als Du, Wort, starbest, stimmte Deine allreine Mutter eine Klage an.

Vernimm, Herr, meine Stimme nach Deinem Erbarmen; wie Du mir zugesagt, so gewähre mir Leben.

Die Frauen kamen mit dem Myrrhenöl, Christus zu salben, Ihn, das göttliche Myronöl.

Es nahen sich mir, die mich listig verfolgen, Deinem Gesetze sind sie gar fern.

Mit Deiner göttlichen Macht, tötest Du, mein Gott, den Tod durch den Tod.

Nahe bist Du, Herr, und all Deine Worte sind Wahrheit.

Betrogen wird der Betrüger; der Betrogene befreit durch Deine Weisheit, mein Gott.

Lange schon weiß ich um Deine Gebote, Du hast sie verordnet für alle Zeit.

Hinabgestürzt war der Verräter in den Abgrund des Hades, in den Brunnen der Verwesung.

Sieh an mein Elend und rette mich, denn nicht vergessen habe ich Dein Gesetz.

Fußangeln und Schlingen sind die Wege des dreimal unseligen und wahnsinnigen Judas.

Führe mein Recht und mache mich frei, nach Deiner Verheißung schenke mir Leben.

Die Dich kreuzigten werden alle miteinander zugrunde gehen, Wort, Sohn Gottes, Allherrscher.

Ferne ist von den Frevlern das Heil, nach deinen Rechten fragen sie nicht.

Die Männer des Blutes werden miteinander zugrunde gehen im Brunnen des Todes.

Deiner Erbarmungen, Herr, sind gar viele; wie Du beschlossen, so schenke mir Leben.

Gottes allmächtiger Sohn, mein Gott und mein Schöpfer, wie nahmst Du das Leiden auf Dich?

Viele sind, die mich verfolgen und drängen, von Deinen Zeugnissen weiche ich nicht.

Als die Mutter des Lammes das Lamm am Kreuze hängen sah, wehklagte sie, die Jungfrau.

Ich sehe die Frevler und gräme mich, weil sie nimmermehr befolgen Dein Wort.

Deinen lebenbringenden Leib bestattet Nikodemus mit Joseph.

Siehe, Herr, ich liebe Deine Befehle, in Deinem Erbarmen erhalte mein Leben.

In ihrem Herzen verwundet, weinte die jungfräuliche Braut und vergoß heiße Tränen.

Anfang und Ende Deiner Worte ist Wahrheit, alle Sprüche Deiner Gerechtigkeit gelten auf ewig.

Licht meiner Augen, mein liebstes Kind, wie bedeckt Dich nun das Grab?

Fürsten verfolgen mich ohne Grund, doch fürchtet mein Herz allein Deine Worte.

Weine nicht, Mutter, Ich dulde, um Adam und Eva zu befreien.

Deiner Verheißung will ich mich freuen wie einer, der reiche Beute gewann.

Dein großes Erbarmen, mit dem Du alles erduldest, preise ich, mein Sohn!

Ich hasse die Sünde, sie ist mir ein Greuel, Dein Gesetz aber liebe ich.

Mit Essig und Galle wurdest Du getränkt, Barmherziger, und sühnst so die Speise (Adams) von einst.

Siebenmal am Tage sing' ich Dein Lob, denn Deine Ordnungen sind alle gerecht.

Einst hast Du Dein Volk mit der Wolkensäule beschirmt und wurdest jetzt an das Kreuz geheftet.

Die lieben Dein Gesetz, sie haben die Fülle des Friedens, nimmermehr werden sie fallen.

Die zum Grabe kommenden Frauen mit dem Salböl brachten Dir, Erlöser, das Myrrhenöl.

Ich harre Deiner Hilfe, Herr, und tue, wie Du geheißen.

Barmherziger, erstehe, richte uns aus den Tiefen des Hades auf.

Meine Seele bewahrt Deine Weisung, überaus liebe ich sie.

Tränen vergießend spricht die Mutter, die Dich geboren hat: Erstehe, Lebenspender!

Ich wahre Deine Lehre und Deine Gebote, offen liegen meine Wege vor Dir.

Erstehe eilends, löse die Trauer jener, Wort, die Dich rein geboren hat.

Mein Rufen komme zu Dir, Herr, nach Deinem Worte unterweise mich.

Die himmlischen Mächte erschraken in Furcht, als sie Dich tot sahen.

Zu Dir gelange mein Flehen, errette mich nach Deiner Verheißung.

Vergib denen die Sünden, die Deine Leiden in Liebe und Furcht verehren.

Meinen Lippen entströme Lobgesang, weil Du mich lehrest Deine Gesetze.

Welch furchtbarer und fremdartiger Anblick: Wie vermag Dich, Wort Gottes, die Erde zu verhüllen.

Meine Zunge lobpreise Dein Wort, gerecht sind alle Deine Gebote.

Dich, Erlöser, trug einst Joseph auf der Flucht. Ein anderer Joseph begräbt Dich jetzt.

Strecke aus Deine Hand, mir zu helfen, denn erkoren habe ich Deine Befehle.

Deine allreine Mutter weint und wehklagt um Dich, mein Erlöser, denn Du bist getötet worden!

Herr, ich ersehne von Dir mein Heil, denn Dein Gesetz ist mir Wonne.

Die vernunftsvollen Geister (Engel) erschraken bei dem fremdartigen und schrecklichen Begräbnis des Schöpfers aller Dinge.

Es lebe meine Seele und preise dich, Deine Ordnungen mögen mir helfen.

Die in der Frühe gekommenen Frauen vergoßen das Myrrhenöl auf Dein Grab.

Ich bin verirrt wie ein Lamm, das verlorenging; suche heim Deinen Knecht, denn nicht vergessen habe ich Deine Gebote.

Frieden schenke der Kirche und Erlösung Deinem Volke durch Deine Auferstehung.

Ehre sei dem Vater und dem Sohne und dem Heiligen Geiste.

O Dreieinigkeit, mein Gott, Vater, Sohn und Geist, erbarme Dich der Welt.

Jetzt und immerdar und in alle Ewigkeit. Amen.

Jungfrau, deine Diener würdige deines Sohnes Auferstehung zu schauen.

CHOR: Ton 5

Gesegnet bist Du, Herr, lehre mich Deine Gebote.

Die Versammlung der Engel war erstaunt, Dich den Toten zugezählt zu sehen, Erlöser, Der Du die Macht des Todes zerstört, Adam mit Dir auferweckt und alle aus dem Hades befreit hast.

Gesegnet bist Du, o Herr, lehre mich Deine Gebote.

Der am Grabe von Licht erstrahlende Engel rief den Trägerinnen des Myrrhen-Öles zu: "Was mischt ihr das Myrrhen-Öl mitleidsvoll mit den Tränen, ihr Jüngerinnen? Sehet das Grab und wisset, der Erlöser ist auferstanden aus dem Grabe."

Gesegnet bist Du, o Herr, lehre mich Deine Gebote.

Am frühen Morgen eilten die Trägerinnen des Myrrhen-Öles weinend zum Grabe. Da trat aber der Engel vor sie hin und sprach: "Die Zeit der Wehklage ist vorüber, weinet nicht, sondern verkündet den Aposteln die Auferstehung."

Gesegnet bist Du, o Herr, lehre mich Deine Gebote.

Als die myrrhentragenden Frauen mit dem Salböl zu Deinem Grabe kamen, Erlöser, da weinten sie; der Engel aber sprach zu ihnen: "Was vermutet ihr den Toten unter den Lebenden? Denn als Gott ist Er auferstanden aus dem Grabe."

Ehre sei dem Vater und dem Sohne und dem Heiligen Geiste.

Lasset uns anbeten den Vater und den Sohn und den Heiligen Geist: die Heilige Dreieinigkeit in einem Wesen; mit den Seraphim rufen wir: "Heilig, heilig, heilig bist Du, o Gott."

Jetzt und immerdar und in alle Ewigkeit. Amen.

Da du den Lebensspender geboren hast, Jungfrau, befreitest du Adam von der Sünde und brachtest Freude Eva anstelle der Trauer. Die aber vom Leben Abgefallenen hat zu ihm zurückgeführt Der aus dir Fleisch gewordene Gott und Mensch.

Alleluja, alleluja, alleluja, Ehre sei Dir, o Gott. dreimal

DIAKON/PRIESTER:

Wieder und wieder lasset uns in Frieden zum Herrn beten.

CHOR: Herr, erbarme Dich.

Stehe bei, errette, erbarme Dich und bewahre uns,o Gott, durch Deine Gnade.

CHOR: Herr, erbarme Dich.

Unserer allheiligen, allreinen, über alles gesegneten und ruhmreichen Gebieterin, der Gottesgebärerin und Immerjungfrau Maria mit allen Heiligen eingedenk, lasset uns uns selbst und unser ganzes Leben Christus, unserem Gott, befehlen.

CHOR: Dir, o Herr.

PRIESTER: Denn Du bist der König des Friedens, Christus unser Gott, und Dir senden wir die Lobpreisung empor, mit Deinem anfanglosen Vater und Deinem allheiligen und guten und lebendigmachenden Geiste, jetzt und immerdar und in alle Ewigkeit.

CHOR: Amen.

Sedalen Ton 1

Joseph, der von Pilatus deinen ehrwürdigen Leib erbeten hat, hüllt ihn in reines Linnen, salbt ihn mit heiligen Spezereien, und legt ihn in ein neues Grab. Dann riefen die in der Frühe mit Myrrheöl gekommenen Frauen: Zeige uns, Christus, wie Du vorausgesagt hast, die Auferstehung.

Ehre sei dem Vater und dem Sohne und dem Heiligen Geiste jetzt und immerdar und in alle Ewigkeit. Amen.

Die Chöre der Engel erschraken, als sie den Unsterblichen, Den im Schoße des Vaters Thronenden, wie einen

Toten in das Grab gelegt sahen. Als den Schöpfer und Herrn umringen und verherrlichen Ihn die Heere der Engel mit den im Hades versammelten Toten.

LESER: Ps. 50 Erbarme Dich meiner, o Gott, nach Deiner großen Güte, nach der Fülle Deines Erbarmens tilge meine Schuld. Wasche mich rein von meiner Missetat, reinige mich von meiner Sünde. Denn ich kenne mein Vergehen, und meine Sünde steht mir immerdar vor Augen. Ich habe gesündigt an Dir allein; was böse vor Dir, ich habe es getan. Nun erweisest Du Dich in Deinem Urteil gerecht, und recht behalten hast Du in Deinem Gerichte. Siehe, in Schuld bin ich geboren, und ich war schon in Sünde, als mich die Mutter empfangen. Doch siehe, Du hast Gefallen an der Wahrheit des Herzens; lehre Du mich Geheimnisse der Weisheit. Besprenge mich mit Ysop, so werde ich rein; wasche mich, und ich werde weißer als der Schnee. Laß mich vernehmen Freude und Wonne, und mein zerschlagen Gebein wird frohlocken. Wende ab von meinen Sünden Dein Angesicht und tilge all meine Frevel. Ein reines Herz erschaffe mir, Gott, und einen festen Geist erwecke mir neu. Von Deinem Antlitz verstoße mich nicht. Nimm von mir nicht hinweg Deinen heiligen Geist. Deines Heiles Wonne schenke mir wieder, in willigem Geiste mache mich stark. Dann will ich Deine Wege den Irrenden weisen, und Sünder werden sich bekehren zu Dir. Errette mich aus der Blutschuld, o Gott, Du Gott meines Heiles, und meine Zunge wird Deine Gerechtigkeit rühmen. Herr, tue auf meine Lippen, und mein Mund wird verkünden Dein Lob. Denn Schlachtopfer begehrst Du nicht; und gäbe ich Dir Brandopfer, es gefiele Dir nicht. Ein Opfer, das Gott gefällt, ist ein zerbrochener Geist; ein reuevolles und demütiges Herz wirst Du, o Gott, nicht verachten, Tue Zion Gutes nach Deinem Wohlgefallen, baue die Mauern Jerusalems auf. Dann hast Du Gefallen am Opfer der Gerechtigkeit, an Gaben und Brandopfern, dann wird man Opfertiere legen auf Deinen Altar.

KANON Ton 6

ODE 1

Irmos *Der einst unter den Meereswogen den verfolgenden Tyrannen begraben hat, Den begraben unter die Erde die Söhne der damals Geretteten. Doch wir wollen wie die Jungfrauen dem Herrn singen: Denn herrlich hat Er sich verherrlicht.*

LESER: Ehre sei Dir, unser Gott, Ehre sei Dir.

Herr, mein Gott, die Totenhymne und den Grabgesang will ich Dir singen, denn Du hast durch Dein Begräbnis mir den Zugang zum Leben eröffnet und hast durch den Tod den Tod und den Hades getötet.

LESER: Ehre sei Dir, unser Gott, Ehre sei Dir.

Das Überirdische und das Unterirdische, das Dich auf dem Throne in den Höhen und unten im Grabe erkannte, wurde erschüttert bei Deinem Tod, denn es übersteigt den Verstand, den Herrn über das Leben als Toten zu schauen.

LESER: Ehre sei Dir, unser Gott, Ehre sei Dir.

Um mit Deiner Herrlichkeit das All zu erfüllen, stiegst Du hinab in das Unterste der Erde: denn nicht verborgen war Dir meine Wesensverwandtschaft mit Adam. Dein Begrabenwerden macht mich, den Verwesten, neu.

Katawasia *Der einst unter den Meereswogen den verfolgenden Tyrannen begraben hat, Den begraben unter die Erde die Söhne der damals Geretteten. Doch wir wollen wie die Jungfrauen dem Herrn singen: Denn herrlich hat Er sich verherrlicht.*

ODE 3

Irmos *Als die Schöpfung Dich, Der mit gewaltiger Kraft die ganze Erde auf den Gewässern schweben läßt, auf der Schädelstätte hängen sah, rief sie vor Schrecken erschüttert aus: Keiner ist heilig außer Dir, o Herr.*

LESER: Ehre sei Dir, unser Gott, Ehre sei Dir.

Symbole Deiner Grablegung ließest Du schauen, und die Erfüllung der Offenbarung der Seher hast Du vergrößert. Jetzt hast Du als Gottmensch Deine Geheimnisse auch denen enthüllt, die im Hades sind, die da singen: Keiner ist heilig außer Dir, o Herr.

LESER: Ehre sei Dir, unser Gott, Ehre sei Dir.

Ausgespannt hast Du Deine Hände und vereint das früher Entzweite. Bekleidet mit dem Grabeslinnen aber, o Erlöser, hast Du die von den Ketten im Hades Gefangenen befreit, die da rufen: Keiner ist heilig außer Dir, o Herr.

LESER: Ehre sei Dir, unser Gott, Ehre sei Dir.

Unbegrenzter, willig ließest Du Dich im Grabe verriegeln und versiegeln. Denn durch Deine Kraft, Deine Macht tatest Du denen kund, die da singen: Keiner ist heilig außer Dir, o Gott.

Katawasia *Als die Schöpfung Dich, Der mit gewaltiger Kraft die ganze Erde auf den Gewässern schweben läßt, auf der Schädelstätte hängen sah, rief sie vor Schrecken erschüttert aus: Keiner ist heilig außer Dir, o Herr.*

DIAKON/PRIESTER:

Wieder und wieder lasset uns in Frieden zum Herrn beten.

CHOR: Herr, erbarme Dich.

Stehe bei, errette, erbarme Dich und bewahre uns, o Gott, durch Deine Gnade.

CHOR: Herr, erbarme Dich.

Unserer allheiligen, allreinen, über alles gesegneten und ruhmreichen Gebieterin, der Gottesgebärerin und Immerjungfrau Maria mit allen Heiligen eingedenk, lasset uns uns selbst und unser ganzes Leben Christus, unserem Gott, befehlen.

CHOR: Dir, o Herr.

PRIESTER: Denn Du bist unser Gott, und wir senden Dir den Lobpreis empor, dem Vater und dem Sohne und dem Heiligen Geiste, jetzt und immerdar und in alle Ewigkeit.

CHOR: Amen.

Sedalen Ton 1

Soldaten, die Dein Grab, Erlöser, bewachten, stürzten wie tot hin beim Glanze des erschienenen Engels, der den Frauen die Auferstehung verkündet. Wir preisen Dich, Der den Tod überwunden hat. Wir fallen vor Dir nieder, Dem aus dem Grabe Auferstandenen, unserem einzigen Gott.

Ehre sei dem Vater und dem Sohne und dem Heiligen Geiste jetzt und immerdar und in alle Ewigkeit. Amen.

Soldaten, die Dein Grab, Erlöser,..........

ODE 4

Irmos *Deine göttliche Selbstentäußerung am Kreuze sah Habakuk voraus und rief erschrocken aus: Gütiger, Du hast die Macht der Mächtigen gebrochen, weil Du, Allherrscher, unten bei Hadesbewohnern weiltest.*

LESER: Ehre sei Dir, unser Gott, Ehre sei Dir.

Heute hast Du den siebenten Tag geheiligt, einst durch das Ausruhen von den Werken gesegnet. Denn alles lenkest und erneuerst Du und ruhest nun aus, den Sabbat feiernd, mein Erlöser.

LESER: Ehre sei Dir, unser Gott, Ehre sei Dir.

Mit der Kraft des Stärkeren hast Du gesiegt, als Deine Seele vom Leib getrennt wurde: denn des Hades und des Todes Fesseln zerbrichst Du durch Deine Macht, Wort.

LESER: Ehre sei Dir, unser Gott, Ehre sei Dir.

Betrübt wurde der Hades, als er Dir, o Wort, begegnete und einen mit Wunden bedeckten, doch von allmächtiger

Kraft vergöttlichten Menschen sah. Durch diesen furchter-
regenden Anblick wurde er vernichtet.

Katawasia *Deine göttliche Selbstentäußerung am Kreuze*
sah Habakuk voraus und rief erschrocken aus: Gütiger, Du
hast die Macht der Mächtigen gebrochen, weil Du, All-
herrscher, unten bei Hadesbewohnern weiltest.

ODE 5

Irmos *Dein Gotterscheinen, Christus, das uns gnädig zuteil*
wurde, sah Isaja als das Licht ohne Abend voraus, und aus der
Nacht am frühen Morgen erwachend, rief er aus: Es werden
die Toten auferstehen, und erstehen werden die, die in den
Gräbern sind; und alle, die auf der Erde geboren sind, werden
frohlocken.

LESER: Ehre sei Dir, unser Gott, Ehre sei Dir.

Schöpfer, das Irdische nahmst Du an und machtest so
neu die Erdgeborenen. Die Linnen und das Grab offenbaren in
Dir, Wort, das Mysterium: denn der vornehme Ratsherr führt
den Ratschluß des Vaters aus, Der Dich geboren hat und Der
mich in Dir herrlich erneuert.

LESER: Ehre sei Dir, unser Gott, Ehre sei Dir.

Durch den Tod veränderst Du das Sterbliche, durch das
Grab das Verwesliche; denn auf herrliche Weise machst Du
unverweslich, unsterblich die von Dir angenommene Natur.
Denn Dein Leib kennt keine Verwesung, Gebieter, und auch
Deine Seele blieb nicht Gast im Hades.

LESER: Ehre sei Dir, unser Gott, Ehre sei Dir.

Aus der Unvermählten bist Du hervorgegangen, mein
Schöpfer, und aus Deiner von einer Lanze durchbohrten Rippe
hast Du Eva erneuert. Du wurdest der neue Adam, entschliefst
wunderbar mit einem lebenspendenden Schlaf und als Allmächtiger hast Du aus dem Schlaf und der Verwesung das
Leben erweckt.

Katawasia **Dein Gotterscheinen, Christus, das uns gnädig zuteil wurde, sah Isaja als das Licht ohne Abend voraus, und aus der Nacht am frühen Morgen erwachend, rief er aus: Es werden die Toten auferstehen und erstehen werden die, die in den Gräbern sind; und alle, die auf der Erde geboren sind, werden frohlocken.**

ODE 6

Irmos **Verschlungen, aber nicht festgehalten war Jona im Bauche des Seeungetüms. Dein Vorbild als der Leidende und dem Begräbnis Übergebene trug er in sich, kam aus dem Ungetüme (dem Sinnbild des Grabes) wie aus einem Gemache heraus und Er rief der Wache Deines Grabes zu: Die ihr an Eitlem und Falschem festhaltet, habt die Gnade selbst verloren.**

LESER: Ehre sei Dir, unser Gott, Ehre sei Dir.

Geschlagen wurdest Du, Wort, aber Du trenntest Dich nicht vom Fleische, das Du angenommen hast; auch wenn Dein Tempel (Deines Leibes) in der Zeit des Leidens zerstört wurde, so waren doch auch die Gottheit und Dein Leib in einer Person verbunden: denn in beiden bist Du als Sohn, als der Eine, Wort Gottes, Gott und Mensch.

LESER: Ehre sei Dir, unser Gott, Ehre sei dir.

Die Sünde Adams war menschentötend, aber nicht gotttötend. Litt auch die irdische Natur Deines Fleisches, so blieb doch die Gottheit leidlos. Was an Dir verweslich wäre, hast Du zur Unverweslichkeit umgewandelt und durch Deine Auferstehung die Quelle des unverweslichen Lebens gezeigt.

LESER: Ehre sei Dir, unser Gott, Ehre sei Dir.

Nicht für ewig herrscht der Hades über das Menschengeschlecht. Als Du Dich in das Grab legen ließest, Mächtiger, hast mit lebenbringender Hand die Schlüssel zum Tode zerbrochen und denen, die dort von jeher schliefen, wurdest Du die untrügliche Erlösung, Heiland, als der Erstgeborene unter den Toten.

Katawasia *Verschlungen, aber nicht festgehalten war Jona im Bauche des Seeungetüms. Dein Vorbild als der Leidende und dem Begräbnis Übergebene trug er in sich, kam aus dem Ungetüme (dem Sinnbild des Grabes) wie aus einem Gemache heraus und Er rief der Wache Deines Grabes zu: Die ihr an Eitlem und Falschem festhaltet, habt die Gnade selbst verloren.*

DIAKON/PRIESTER:

Wieder und wieder lasset uns in Frieden zum Herrn beten.

CHOR: Herr, erbarme Dich.

Stehe bei, errette, erbarme Dich und bewahre uns, o Gott, durch Deine Gnade.

CHOR: Herr, erbarme Dich.

Unserer allheiligen, allreinen, über alles gesegneten und ruhmreichen Gebieterin, der Gottesgebärerin und Immerjungfrau Maria mit allen Heiligen eingedenk, lasset uns uns selbst und unser ganzes Leben Christus, unserem Gott, befehlen.

CHOR: Dir, o Herr.

PRIESTER: Denn Du bist der König des Friedens und der Erlöser unserer Seelen, und wir senden Dir den Lobpreis empor, dem Vater und dem Sohne und dem Heiligen Geiste, jetzt und immerdar und in alle Ewigkeit.

CHOR: Amen.

Kondakion Ton 6

Der den Abgrund verriegelt hat, wird als Toter erblickt. Der Unsterbliche wird in Myrrhe und Linnen gehüllt, wird als Toter in das Grab gelegt. Ihn zu salben, kamen bitterlich weinend die Frauen und riefen: Dies ist der hochgesegnete Sabbat, an dem Christus entschlafen ist, am dritten Tage wird Er auferstehen.

Ikos Der das All zusammenhält, wird auf das Kreuz erhöht; die ganze Schöpfung weint, Ihn am Kreuze nackt hängen zu sehen. Die Sonne verbarg ihre Strahlen, und die Gestirne verloren ihr Licht. Die Erde erbebte in gewaltigem Schrecken. Das Meer floh, und die Felsen barsten. Viele Grüfte öffneten sich, und die Leiber heiliger Männer wurden auferweckt. Der Hades stöhnt in der Tiefe, und die Juden sinnen darauf, die Auferstehung Christi zu leugnen. Doch die Frauen rufen: Dies ist der hochgesegnete Sabbat, an dem Christus entschlafen ist, am dritten Tage wird Er auferstehen.

ODE 7

Irmos *Ein unsagbares Wunder! Der im Feuerofen die frommen Jünglinge aus der Feuersglut rettete wird nun tot, ohne Odem,in ein Grab gelegt zu unserer Erlösung, die wir singen: Befreier, o Gott, gepriesen bist Du.*

LESER: Ehre sei Dir, unser Gott, Ehre sei Dir.

Der Hades war verwundet, als er Den aufnahm, Dessen Seite von einer Lanze verwundet war; und vom göttlichen Feuer verzehrt, stöhnt er. Dies geschieht zu unserer Erlösung, die wir singen: Befreier, Gott, gepriesen bist Du.

LESER: Ehre sei Dir, unser Gott, Ehre sei dir.

Reich ist das Grab, denn es nahm den Schöpfer als einen Schlafenden auf. Dieses Grab erwies sich als die Schatzkammer des Lebens zu unserer Erlösung, die wir singen: Befreier, Gott, gepriesen bist Du.

LESER: Ehre sei Dir, unser Gott, Ehre sei Dir.

Der das Leben aller ist, wird nach dem Gesetze der Sterblichen bestattet und erweist das Grab als die Quelle der Auferstehung zu unserem Heil, die wir singen: Befreier, Gott, gepriesen bist Du.

LESER: Ehre sei Dir, unser Gott, Ehre sei dir.

Eins ist die untrennbare Gottheit Christi im Hades, im Grabe und in Eden: mit dem Vater und dem Geiste zu unserer Erlösung, die wir singen: Befreier, Gott, gepriesen bist Du.

Katawasia *Ein unsagbares Wunder! Der im Feuerofen die frommen Jünglinge aus der Feuersglut rettete wird nun tot, ohne Odem,in ein Grab gelegt zu unserer Erlösung, die wir singen: Befreier, o Gott, gepriesen bist Du.*

ODE 8

Irmos *Erzittere, entsetze dich, Himmel! Erbebet ihr Grundfesten der Erde! Denn siehe, den Toten wird zugezählt und in einer kleinen Gruft beherbergt Der in den Höhen Wohnende. Lobet Ihn, ihr Jünglinge, preiset Ihn in Hymnen, ihr Priester, erhebe Ihn, Volk, in alle Ewigkeit.*

LESER: Ehre sei Dir, unser Gott, Ehre sei dir.

Zerstört ist der allreine Tempel, die gefallene Stiftshütte wird aber wieder aufgerichtet; denn zu dem ersten Adam kam der Zweite, Der in den Höhen wohnt, hinab sogar bis zu den Schatzkammern des Hades. Lobet Ihn, ihr Jünglinge; preiset in Hymnen Ihn, ihr Priester; erhebe Ihn, Volk, in alle Ewigkeit.

LESER: Ehre sei Dir, unser Gott, Ehre sei Dir.

Der Mut verließ die Jünger. Doch Joseph von Arimatäa tut sich hervor: als er den Gott über alles tot und nackt schaut, erbittet und bestattet er Ihn und ruft: Lobet Ihn , ihr Jünglinge; preiset Ihn in Hymnen, ihr Priester; erhebe Ihn, o Volk, in alle Ewigkeit.

LESER: Ehre sei Dir, unser Gott, Ehre sei Dir.

Der Güte, der unsagbaren Geduld neues Wunder: Der in den Höhen wohnt, läßt sich freiwillig in der Erde versiegeln; und Gott wird als Betrüger verhöhnt: Lobet Ihn, ihr Jünglinge; preiset Ihn in Hymnen, ihr Priester; erhebe Ihn, Volk, in alle Ewigkeit.

CHOR: Wir loben und preisen und beten an den Herrn; wir besingen und erheben Ihn hoch, in alle Ewigkeit.

Katawasia *Erzittere, entsetze dich, Himmel! Erbebet ihr Grundfesten der Erde! Denn siehe, den Toten wird zugezählt und in einer kleinen Gruft beherbergt Der in den Höhen Wohnende. Lobet Ihn, ihr Jünglinge, preiset Ihn in Hymnen, ihr Priester, erhebe Ihn, Volk, in alle Ewigkeit.*

ODE 9

Irmos *Beweine Mich nicht, Mutter,! Im Grabe siehst du den Sohn, Den du jungfräulich im Schoße empfangen hast: Denn Ich werde auferstehen und Mich verherrlichen, und in Herrlichkeit werde Ich, als Gott, unaufhörlich jene erhöhen, die dich in Glauben und Liebe hochpreisen.*

LESER: Ehre sei Dir, unser Gott, Ehre sei Dir.

Anfangloser Sohn, bei Deiner wunderbaren Geburt entging ich, auf übernatürliche Weise, den Wehen und wurde selig gepriesen. Nun schaue ich Dich, mein Gott, tot, ohne Odem, und werde furchtbar vom Schwerte der Trauer durchbohrt. Doch erstehe auf, damit ich hochgepriesen werde.

LESER: Ehre sei Dir, unser Gott, Ehre sei Dir.

Freiwillig lasse Ich mich von der Erde bedecken; doch die Wächter des Hades erschrecken, da sie Mich mit dem blutigen Gewande der Vergeltung bekleidet sehen, Mutter! Denn durch das Kreuz habe Ich die Feinde überwunden; und als Gott werde Ich auferstehen und dich verherrlichen.

LESER: Ehre sei Dir, unser Gott, Ehre sei dir.

Die ganze Schöpfung möge sich freuen, alle Erdgeborenen frohlocken. Mit Myrrhenöl mögen die Frauen Mir entgegenkommen. Die Ahnen aller, Adam und Eva, werde Ich befreien, und am dritten Tage auferstehen.

Katawasia Beweine Mich nicht, Mutter,! Im Grabe siehst du den Sohn, Den du jungfräulich im Schoße empfangen hast: Denn Ich werde auferstehen und Mich verherrlichen, und in Herrlichkeit werde Ich, als Gott, unaufhörlich jene erhöhen, die dich in Glauben und Liebe hochpreisen.

DIAKON/PRIESTER:

Wieder und wieder lasset uns in Frieden zum Herrn beten.

CHOR: Herr, erbarme Dich.

Stehe bei, errette, erbarme Dich und bewahre uns,o Gott, durch Deine Gnade.

CHOR: Herr, erbarme Dich.

Unserer allheiligen, allreinen, über alles gesegneten und ruhmreichen Gebieterin, der Gottesgebärerin und Immerjungfrau Maria mit allen Heiligen eingedenk, lasset uns uns selbst und unser ganzes Leben Christus, unserem Gott, befehlen.

CHOR: Dir, o Herr.

PRIESTER: Denn Dich loben alle Kräfte der Himmel, und wir senden Dir den Lobpreis empor, dem Vater und dem Sohne und dem Heiligen Geiste, jetzt und immerdar und in alle Ewigkeit.

CHOR: Amen.

D/PR: Ton 2

Heilig ist der Herr, unser Gott.

CHOR: Heilig ist der Herr, unser Gott.

Denn heilig ist der Herr, unser Gott.

CHOR: Heilig ist der Herr, unser Gott.

Über allen Menschen ist unser Gott.

CHOR: Heilig ist der Herr, unser Gott.

CHOR: Ps.148, Ton 2

Aller Odem lobe den Herrn, lobet den Herrn in den Himmeln, lobet Ihn in den Höhen. Dir gebührt Lobgesang, o Gott.

Lobet Ihn alle Seine Engel, lobet Ihn, all Seine Heerscharen, Dir gebührt Lobgesang, o Gott.

LESER: Lobet Ihn, Sonne und Mond; lobet Ihn, all ihr Sterne und das Licht; lobet Ihn, ihr Himmel aller Himmel; lobet Ihn, ihr Wasser über den Himmeln. Sie sollen loben den Namen des Herrn; denn Er sprach, und sie wurden geboren, Er gebot, und sie waren geschaffen. Er stellte sie fest auf immer und ewig; Er setzte eine Ordnung ein, die nicht vergehen wird.

Lobet den Herrn von der Erde her, ihr Ungetüme und Urtiefen alle, Feuer und Hagel, Wolken und Schnee, brausende Stürme, die ihr vollführt Seinen Willen. All ihr Berge und Hügel, ihr Fruchtbäume und Zedern alle, ihr wilden Tiere und ihr zahmen, Gewürm und ihr, beschwingte Vögel! Ihr Könige der Erde und all ihr Völker, ihr Fürsten und Richter der Erde, ihr Jünglinge und Jungfrauen alle, ihr Greise mitsamt den Kindern!

Sie sollen loben den Namen des Herrn; denn Sein Name allein ist erhaben, Seine Hoheit geht über Erde und Himmel; Er wird die Stirn Seines Volkes erhöhen. Das ist der Hymnus all Seiner Heiligen, der Söhne Israels, des Volkes, das Ihm nahe ist.

Psalm 149 Singet dem Herrn ein neues Lied, Sein Lob erschalle in der Gemeinde der Heiligen! Es freue sich Israel seines Schöpfers, die Söhne Zions sollen ob ihres Königs frohlocken. Loben sollen sie Seinen Namen in Reigen, mit Pauken und Harfen Ihm spielen! Denn der Herr hat Wohlgefallen an Seinem Volke; Er erhebt die Sanftmütigen in Sein Heil. Die Heiligen werden lobsingen in Herrlichkeit und frohlocken auf ihren Lagern den Lobpreis Gottes im Munde und ein zweischneidiges Schwert in der Hand, Vergeltung zu üben an den Heiden und Züchtigung an den Völkern, ihre Könige mit Ketten zu binden, ihre Edeln mit eisernen Fesseln.

Psalm 150 Lobet Gott in Seinen Heiligen, lobet Ihn in Seiner starken Feste!

Vers: Lobet Ihn ob Seiner mächtigen Taten, * lobet Ihn nach der Fülle Seiner Macht.

Ton 2 Heute umschließt das Grab Den, Der mit der Hand die Schöpfung umschließt. Der die Himmel mit Herrlichkeit bedeckt, Den bedeckt heute ein Stein. Das Leben schläft, der Hades erbebt, und Adam wird von den Fesseln befreit. Ehre sei Deinem Ratschluß, durch den Du, Gott, alles vollendet und uns die ewige Ruhe geschenkt hast, durch Deine allheilige Auferstehung von den Toten.

Vers: Lobet Ihn mit dem Schall der Posaunen, * lobet Ihn mit Psalter und Harfe.

Welchen Anblick sieht man jetzt? Was bedeutet die gegenwärtige Ruhe? Der König der Ewigkeiten hat den Heilsplan durch Sein Leiden vollendet, hält die Sabbatruhe im Grabe, und gewährt uns die neue Sabbatruhe. Zu Ihm lasset uns rufen: Erstehe auf, Gott, richte die Erde, denn Du herrschst in alle Ewigkeit, denn Du bist ohne Maß in Deinem großen Erbarmen.

Vers: Lobet Ihn mit Pauken und Reigen, * lobet Ihn mit Saitenspiel und Flöten.

Kommet, lasset uns unser Leben, schauen, das im Grabe liegt, um die in den Gräbern Liegenden lebendig zu machen. Kommet heute, Den aus dem Stamme Juda schlafend zu sehen. Lasset uns mit dem Propheten rufen: Zur Ruhe legtest Du Dich hin, bist eingeschlafen wie ein gefallener Löwe. Wer wird Dich erwecken, König? Doch aus eigener Macht stehe auf, Der Du freiwillig Dich für uns (in den Tod) dahingabst. Herr, Ehre sei Dir.

Vers: Lobet Ihn mit klingenden Zimbeln, lobet Ihn mit schallenden Zimbeln. * Alles, was Odem hat, lobe den Herrn.

Ton 6 Joseph erbat sich den Leichnam Jesu und legte Ihn in sein neues Grab. Denn Er sollte aus dem Grabe hervorkommen wie aus einem Gemache. Die Herrschaft des Todes hast Du zerbrochen und die Tore des Paradieses den Menschen geöffnet. Herr, Ehre sei Dir.

Ehre sei dem Vater und dem Sohne und dem Heiligen Geiste.

Ton 6 Auf den heutigen Tag wies geheimnisvoll der große Mose hin als er sprach: "Und es segnete Gott den siebenten Tag." Denn dies ist der gesegnete Sabbat, dies ist der Tag der Ruhe, an dem der einziggeborene Sohn Gottes von allen Seinen Werken ruhte: dem Heilsplan gemäß feierte Er nach Seinem Tode im Fleische die Sabbatruhe: Durch die Auferstehung kehrte Er zu dem zurück, was Er war, und als der allein Gütige und menschenliebende Gott schenkte Er uns allen das ewige Leben.

Jetzt und immerdar und in alle Ewigkeit. Amen.

Ton 2 Hochgelobt bist du, Gottesgebärerin, Jungfrau! Denn Der aus dir Fleischgewordene nahm den Hades gefangen, rief Adam wieder (erweckte Adam), tilgte den Fluch, befreite Eva, tötete den Tod, und machte uns alle lebendig. Deshalb rufen wir und lobsingen: Gelobt sei Christus, unser Gott, Dem es also wohlgefallen hat: Ehre sei Dir.

PRIESTER: Ehre sei Dir, Der Du uns das Licht gezeigt hast.

CHOR: Ehre sei Gott in den Höhen und auf Erden Friede den Menschen Seiner Huld. (3)

Dich loben wir, Dich segnen wir, Dich beten wir an, Dich verherrlichen wir, Dir danken wir ob Deiner großen Herrlichkeit.

Herr, himmlischer König, Gott Vater, Allherrscher; Herr, einziggeborener Sohn, Jesus Christus, und Heiliger Geist.

Herr Gott; Lamm Gottes, Sohn des Vaters, der Du hinwegträgst die Sünde der Welt; erbarme Dich unser, der Du hinwegträgst die Sünden der Welt nimm auf unser Flehen, der Du sitzest zur Rechten des Vaters, erbarme Dich unser.

Denn Du bist allein der Heilige, Du allein der Herr, Jesus Christus, in der Herrlichkeit Gottes, des Vaters.

Amen.

Ich will Dich segnen Tag für Tag und loben Deinen Namen in alle Ewigkeit.

Geruhe, Herr, daß wir uns an diesem Tage sündlos bewahren mögen. Gelobt bist Du, Herr, Gott unserer Väter und gelobt und verherrlicht ist Dein Name in alle Ewigkeit. Amen

Es sei, o Herr, Deine Gnade auf uns, denn wir haben auf Dich gehofft.

Gesegnet bist Du, Herr, lehre mich Deine Gebote.

Gesegnet bist Du, Herr, lehre mich Deine Gebote.

Gesegnet bist Du, Herr, lehre mich Deine Gebote.

Herr, Du bist unsere Zuflucht von Geschlecht zu Geschlecht. Ich sage: Herr, erbarme Dich meiner; heile meine Seele, denn gegen Dich habe ich gesündigt. Herr, ich flüchte zu Dir, lehre mich Deinen Willen befolgen; denn Du bist mein Gott. Denn bei Dir ist die Quelle des Lebens, und in Deinem Lichte schauen wir das Licht. Breite aus Dein Erbarmen über alle, die Dich kennen.

Heiliger Gott, Heiliger Starker, Heiliger Unsterblicher, erbarme Dich unser. dreimal

Ehre sei dem Vater und dem Sohne und dem Heiligen Geiste jetzt und immerdar und in alle Ewigkeit. Amen.

Heiliger Unsterblicher, erbarme Dich unser.

Heiliger Gott, Heiliger Starker, Heiliger Unsterblicher, erbarme Dich unser.

Prozession

PRIESTER: Weisheit. Stehet aufrecht.

CHOR: Troparion Ton 2

Der ehrwürdige Joseph nahm Deinen Leib vom Holze, hüllte ihn in reines Linnen, bedeckte ihn mit wohlduftenden Spezereien und legte ihn in ein neues Grab.

PRIESTER: Weisheit.

LESER: Troparion der Weissagung. Ton 2

CHOR: Der Du die Enden der Welt zusammenhältst, Du ließest Dich im Grabe halten, o Christus, um das Menschengeschlecht aus der Gefangenschaft des Hades zu befreien. Und auferstanden bist Du, um uns ein neues Leben zu schenken als unsterblicher Gott.

D/PR: Lasset uns aufmerken.

PRIESTER: Friede allen.

LESER: Und deinem Geiste. Prokimenon Ton 4

Erstehe, Herr, hilf uns und errette uns um Deines Namens willen.

CHOR: Erstehe, Herr, hilf uns und errette uns um Deines Namens willen.

O Gott, mit unseren Ohren haben wir es gehört, und unsere Väter verkündeten es.

CHOR: Erstehe, Herr, hilf uns und errette uns um Deines Namens willen.

Erstehe, Herr, hilf uns

CHOR: Und errette uns um Deines Namens willen.

PRIESTER: Weisheit.

LESER: Lesung aus der Weissagung des Propheten Ezechiel. [4]

PRIESTER: Lasset uns aufmerken.

LESER:

Es kam über mich die Hand des Herrn, und Er führte mich im Geiste hinaus und versetzte mich mitten in die Talebene; diese aber war voll von Totengebeinen. Und Er ließ mich ringsum an ihnen vorübergehen, und siehe, es waren ihrer auf dem Boden der Talebene sehr viele; sie waren ganz verdorrt. Und Er sprach zu mir: "Menschensohn, werden diese Gebeine wieder zum Leben zurückkehren?" Ich antwortete: "Herr, Gott; Du weißt es." Da sagte Er zu mir: "Weissage über diese Gebeine und sprich zu ihnen: Ihr dürren Gebeine, höret das Wort des Herrn. So spricht der Herr, Gott: Siehe, Ich gebe euch Odem, daß ihr lebendig werdet. Und Ich will euch mit Sehnen umgeben, euch mit Fleisch überkleiden und euch mit Haut überziehen und Odem euch geben, daß ihr lebendig werdet, und ihr sollt erkennen, daß Ich der Herr bin."

Und ich weissagte, wie mir befohlen war, und als ich weissagte, siehe, da entstand ein Rauschen, und die Gebeine rückten eines an das andere heran. Und ich schaute, und siehe, Sehnen und Fleisch kam über sie, und Haut zog sich darüber, aber Odem war noch nicht in ihnen. Und Er sprach zu mir: "Weissage über den Odem, weissage, o Menschensohn, und sprich zu dem Odem: So spricht der Herr, Gott: Von den vier Winden komm, du Odem, und wehe diese Erschlagenen an, daß sie lebendig werden." Da weissagte ich, wie Er mir geboten hatte, und der Odem kam in sie, und sie wurden lebendig und stellten sich auf ihre Füße, ein gar großes Heer.

Und Er sprach zu mir: "Menschensohn, diese Gebeine sind das ganze Haus Israel. Siehe, sie sprechen: 'Verdorrt sind unsere Gebeine, dahin ist unsere Hoffnung, es ist aus mit uns.' Darum weissage und sprich zu ihnen: So spricht der Herr, Gott: Siehe, Ich öffne eure Gräber und hole euch heraus aus euren Gräbern, Mein Volk, und bringe euch in das Land Israel, und ihr sollt erkennen, daß Ich der Herr bin, wenn Ich eure Gräber öffne und euch aus euren Gräbern heraushole, Mein Volk. Ich lege Meinen Geist in euch hinein, daß ihr lebendig werdet, und bringe euch in euer Land, und ihr sollt erkennen, daß Ich, Gott, es gesagt und ausgeführt habe, spricht der Herr."

PRIESTER: Lasset uns aufmerken. Friede allen.

LESER: Und deinem Geiste.

PR: Weisheit.

LESER: Prokimenon, Ton 7

Stehe auf, Herr, mein Gott; es erhebe sich Deine Hand,
und vergiß nicht Deine Armen bis ans Ende.

CHOR: Stehe auf, Herr, mein Gott; es erhebe sich
Deine Hand, und vergiß nicht Deine Armen bis
ans Ende.

Ich will Dir danken, Herr, von ganzem Herzen, verkünden Deine Wundertaten.

CHOR: Stehe auf, Herr, mein Gott; es erhebe sich
Deine Hand, und vergiß nicht Deine Armen bis
ans Ende.

Stehe auf, Herr, mein Gott; es erhebe sich Deine Hand

CHOR: Und vergiß nicht Deine Armen bis ans Ende.

PR: Weisheit.

LESER: Lesung aus dem ersten Brief des hl. Apostels
Paulus an die Korinther. [5]

PR: Lasset uns aufmerken.

LESER:

Brüder, wißt ihr nicht, daß ein wenig Sauerteig den
ganzen Teig durchsäuert? Schafft den alten Sauerteig hinaus,
auf daß ihr ein neuer Sauerteig seid, wie ihr ja ungesäuert seid;
denn unser Pascha ist geschlachtet, nämlich Christus. Darum
wollen wir das Fest nicht feiern mit altem Sauerteig, nicht mit
dem Sauerteig der Schlechtigkeit und Bosheit, sondern mit
dem ungesäuerten Brote der Lauterkeit und Wahrheit.

Christus hat uns von dem Fluche des Gesetzes losgekauft,
indem Er für uns zum Fluche ward; steht doch geschrieben:
"Verflucht ist jeder, der am Holze hängt." So sollte zu den

Heiden der Segen Abrahams kommen in Christus Jesus, so sollten wir die Verheißung des Geistes durch den Glauben empfangen.

PR: Friede dir, der du gelesen hast.

LESER: Und deinem Geiste.

PR: Weisheit.

LESER: Alleluja, Ton 5

Es stehe Gott auf, und Seine Feinde sollen sich zerstreuen, und die Ihn hassen, fliehen sollen sie von Seinem Angesicht.

CHOR: Alleluja, Alleluja, Alleluja.

Wie Rauch verweht, so werden sie verwehen, wie das Wachs vor dem Angesicht des Feuers schmilzt.

CHOR: Alleluja, Alleluja, Alleluja.

Mögen vor dem Angesichte Gottes die Frevler vergehen, doch die Gerechten mögen sich erfreuen.

CHOR: Alleluja, Alleluja, Alleluja.

D/PR   Und auf daß wir gewürdigt werden, das heilige Evangelium zu hören, beten wir zu Gott, dem Herrn.

CHOR: Herr, erbarme Dich. dreimal

D/PR: Weisheit, stehet aufrecht, lasset uns hören das heilige Evangelium.

PR: Friede allen.

CHOR: Und deinem Geiste.

PR: Lesung des heiligen Evangeliums nach Matthäus. [6]

CHOR: Ehre sei Deinen Leiden, o Herr.

D/PR: Lasset uns aufmerken.

Am anderen Tage nun, der auf den Rüsttag folgt, versammelten sich die Hohenpriester und Pharisäer bei Pilatus und sagten. "Herr, wir erinnern uns, daß jener Verführer, als Er noch lebte, gesagt hat: 'Nach drei Tagen werde Ich auferweckt werden.' Gib also Befehl, daß das Grab bis zum dritten Tage bewacht werde, damit nicht etwa Seine Jünger kommen, Ihn zu stehlen, und dem Volke sagen: ' Er ist von den Toten auferweckt worden.' Dann wäre der letzte Betrug schlimmer als der erste." Pilatus sagte zu ihnen: "Ihr sollt eine Wache haben. Geht und sorgt für Sicherung, so gut ihr könnt." Da gingen sie hin, versiegelten den Stein und sicherten das Grab mit der Wache.

CHOR: Ehre sei Dir, o Herr, Ehre sei Dir.

DIAKON/PRIESTER:

Lasset uns alle sprechen aus ganzem Herzen und ganzem Geiste, lasset uns sagen:

CHOR: Herr, erbarme Dich.

Herr, Allherrscher, Du Gott unserer Väter, wir bitten Dich, erhöre uns und erbarme Dich.

CHOR: Herr, erbarme Dich.

Erbarme Dich unser, o Gott, nach Deiner großen Barmherzigkeit, wir bitten Dich, erhöre uns und erbarme Dich.

CHOR: Herr, erbarme Dich. dreimal

Wir beten auch für den rechtgläubigen Episkopat der Russischen Kirche, für unseren Herrn, den höchstgeweihten Metropoliten Vitalij, den Ersthierarchen der Russischen Auslandskirche, für unseren Herrn, den hochgeweihten Erzbischof Mark, und für alle unsere Brüder in Christus.

CHOR: Herr, erbarme Dich. dreimal

Wir beten auch für das leidgeprüfte russische Land und die orthodoxen Gläubigen, die in der Heimat und in der Zerstreuung leben, und für ihre Rettung.

CHOR: Herr, erbarme Dich. dreimal

Wir beten auch für dieses Land, für die, die es regieren und schützen.

CHOR: Herr, erbarme Dich. dreimal

Wir beten auch für die seligen Stifter dieses Gotteshauses ewigen Angedenkens; für alle uns vorangegangenen entschlafenen Väter und Brüder, die hier und allerorten ruhen.

CHOR: Herr, erbarme Dich. dreimal

Wir beten auch um Erbarmen, Gnade, Leben, Frieden, Gesundheit, Rettung, Fürsorge, Nachlaß und Vergebung der Sünden aller Brüder und Schwestern dieser Gemeinde.

CHOR: Herr, erbarme Dich. dreimal

Wir beten auch für die, die in diesem heiligen und ehrwürdigen Hause Frucht bringen und Gutes wirken, die sich mühen, die hier singen und für das Volk, das vor Dir steht und Deine große und reiche Barmherzigkeit erwartet.

CHOR: Herr, erbarme Dich. dreimal

PRIESTER: Denn ein barmherziger und menschenliebender Gott bist Du, und Dir senden wir Verherrlichung empor, dem Vater und dem Sohne und dem Heiligen Geiste, jetzt und immerdar und in alle Ewigkeit.

CHOR: Amen.

DIAKON/PRIESTER:

Lasset uns unser Morgengebet [7] zum Herrn vollenden.

CHOR: Herr, erbarme Dich.

Stehe bei, errette, erbarme Dich und bewahre uns, o Gott, durch Deine Gnade.

CHOR: Herr, erbarme Dich.

Den ganzen Tag vollkommen, heilig, friedlich und ohne Sünde, lasset uns vom Herrn erbitten.

CHOR: Gib, o Herr.

Den Engel des Friedens, den treuen Geleiter und Beschützer unserer Seelen und Leiber, lasset uns vom Herrn erbitten.

CHOR: Gib, o Herr.

Verzeihung und Vergebung unserer Sünden und Verfehlungen lasset uns vom Herrn erbitten.

CHOR: Gib, o Herr.

Das Schöne und Heilsame für unsere Seelen und Frieden für die Welt lasset uns vom Herrn erbitten.

CHOR: Gib, o Herr.

Die übrige Zeit unseres Lebens in Frieden und Umkehr zu vollenden, lasset uns vom Herrn erbitten.

CHOR: Gib, o Herr.

Ein christliches Ende unseres Lebens, schmerzlos, nicht zur Schande gereichend, friedlich, und eine gute Antwort vor dem furchtbaren Richterstuhl Christi, lasset uns erbitten.

CHOR: Gib, o Herr.

Unserer allheiligen, allreinen, über alles gesegneten und ruhmreichen Gebieterin, der Gottesgebärerin und Immerjungfrau Maria, mit allen Heiligen eingedenk, lasset uns uns selbst und einander und unser ganzes Leben Christus, unserem Gott, befehlen.

CHOR: Dir, o Herr.

PRIESTER: Denn ein Gott der Gnade, der Erbarmungen und der Menschenliebe bist Du, und Dir senden wir die Lobpreisung empor, dem Vater und dem Sohne und dem Heiligen Geiste, jetzt und immerdar und in alle Ewigkeit.

CHOR: Amen.

PRIESTER: Friede allen.

CHOR: Und Deinem Geiste.

D/PR: Lasset uns beugen unsere Häupter vor dem Herrn.

CHOR: Dir, o Herr.

PRIESTER: Denn an Dir ist es, Dich zu erbarmen und zu retten, und Dir senden wir Verherrlichung empor, dem Vater und dem Sohne und dem Heiligen Geiste, jetzt und immerdar und in alle Ewigkeit.

CHOR: Amen.

D/PR: Weisheit.

CHOR: Segne.

PRIESTER: Der ewig Seiende ist gelobt, Christus unser Gott, allezeit, jetzt und immerdar und in alle Ewigkeit.

CHOR: Amen.

Stärke, o Gott, den heiligen orthodoxen Glauben der orthodoxen Christen in alle Ewigkeit.

PR: Allheilige Gottesgebärerin, erlöse uns.

CHOR: Die du geehrter bist als die Cherubim und unvergleichlich herrlicher als die Seraphim, die du unversehrt Gott, das Wort, geboren hast, in Wahrheit Gottesgebärerin, dich preisen wir hoch.

PR : Ehre sei Dir, Christus, o Gott, unsere Hoffnung, Ehre sei Dir.

CHOR: Ehre sei dem Vater und dem Sohne und dem heiligen Geiste, jetzt und immerdar und in alle Ewigkeit. Amen.

Herr, erbarme Dich. dreimal

Gib den Segen.

PRIESTER: Der um uns Menschen und um unseres Heiles willen die furchtbaren Leiden, das lebenspendende Kreuz und das freiwillige Begräbnis des Leibes auf Sich genommen hat,

Christus, unser wahrer Gott, möge auf die Gebete seiner allerreinsten Mutter, der heiligen Gott-tragendenden Väter und
aller Heiligen Sich unser erbarmen als der Gütige und
Menschenliebende.

CHOR: Amen.

Ton 5 Kommet, wir wollen verehren den in immer-
währendem Gedächtnis bleibenden Joseph, der in der Nacht zu
Pilatus kam und das Leben aller erbat: Gib mir diesen Wunderbaren, Der da keinen Ort hatte, um Sein Haupt hinzulegen! Gib
mir diesen Wunderbaren, Den der arglistige Jünger in den Tod
verriet! Gib mir diesen Wunderbaren, Dessen Mutter bitterlich
weinte, als sie Ihn an das Kreuz gehängt sah, und in mütter-
licher Zärtlichkeit rief: Weh mir, mein Kind! Weh mir, mein
Licht, mein liebstes Kind! Denn das von Simeon im Tempel
Vorausgesagte ist heute geschehen: 'Ein Schwert wird dein
Herz durchbohren.' Aber verwandle in die Freude Deiner Auferstehung meine Wehklage.Ich verehre Deine Leiden, Christus, Ich bete an Deine Leiden, Christus; ich verneige mich vor
Deinen Leiden, Christus, und bete Deine heilige Auferstehung
an.

1. STUNDE

Kommet, lasset uns anbeten Gott, unseren König.

Kommet, lasset uns anbeten und niederfallen vor Christus, Gott, unserem König.

Kommet, lasset uns anbeten und niederfallen vor Christus selbst, unserem König und Gott.

Psalm 5 Vernimm meine Worte, o Herr, habe acht auf mein Seufzen! Merke auf mein lautes Gebet, Du mein König und Gott. Denn ich flehe zu Dir, Herr, schon in der Frühe hörst Du mein Rufen, in der Frühe bring ich zu Dir meine Bitten und warte. Nicht bist Du ein Gott, der Gefallen hätte an Frevel, der Böse darf nicht weilen vor Dir, Verblendete können vor Dir nicht bestehen. Die Unrecht üben, Du hassest sie alle, Du vernichtest die Lügner. Der blutbefleckte, der tückische Mann, er ist ein Greuel für den Herrn. Ich aber, dank Deiner unermeßlichen Huld, ich darf betreten Dein Haus; darf niedersinken vor Deinem heiligen Tempel, in Ehrfurcht vor Dir. Der Du gerecht bist, führe mich zum Trotz meiner Feinde, mache eben vor mir Deinen Pfad. Es ist in ihrem Munde nicht Wahrheit, ihr Inneres sinnt Verderben. Ihre Kehle ist ein offenes Grab, wenn auch von Schmeichelreden trieft ihre Zunge. Laß sie es büßen, o Gott, laß sie stürzen in ihre eigenen Ränke. Ob ihrer Frevel stoße sie aus, denn sie bieten Dir Trotz. Doch jubeln sollen, die Zuflucht suchen bei Dir, sie sollen frohlocken auf immer. Beschütze sie und lasse sie Deiner sich freuen, die Deinen Namen verehren. Denn Du segnest, o Herr, den Gerechten, gleich einem Schild ist über ihm Deine Gnade.

Psalm 89 Herr, Du bist unsere Zuflucht von Geschlecht zu Geschlecht. Ehe denn die Berge wurden und gebildet ward die Erde und die Welt, von Ewigkeit bist Du, o Gott, bis in Ewigkeit. Verwirf nicht den Menschen zur Niedrigkeit, Du, der Du gesagt hast: "Bekehret euch, ihr Menschenkinder! " Denn tausend Jahre sind vor Dir wie der gestrige Tag, der verging, nur einer Nachtwache gleich. Du nimmst sie jählings hinweg, ein Traum am Morgen; sie sind wie das sprossende Gras. Es kommt hervor in der Frühe und grünet, abgemäht ist es am Abend und welk. Wahrlich, vor Deinem Zorne schwinden wir hin, vor Deinem Ingrimm sind wir erschüttert. Vor Deine Augen stelltest Du unsere Schuld, ins Licht Deines Angesichtes die verborgene Sünde. Denn alle unsere Tage gehen dahin, und wir vergehen in Deinem Zorne, wie ein Seufzer verlebten wir unsere Jahre. Unsere Jahre belehren uns einem Spinnennetz zu gleichen. Die Fülle unserer Jahre ist siebzig, und ist Kraft uns beschieden, kommen wir auf achtzig. Die meisten von ihnen sind Plage und vergebliche Mühe; denn es kommt die Sanftmütigkeit auf uns, und wir werden gezüchtigt (rasch enteilen sie, im Fluge sind wir dahin). Wer kann wägen die Gewalt Deines Zornes, wer fürchtet die Wucht Deines Grimmes? So laß mich erkennen Deine rechte Hand, und diejenigen, die durch die Weisheit des Herzens gebunden sind. Wende Dich wieder zu uns, o Herr, was säumest Du lange? Deinen Knechten sei gnädig. Erquicke uns bald mit Deinem Erbarmen, so werden wir jubeln und froh sein all unsere Tage. Für die Tage, an denen Du uns gezüchtigt hast, mache uns froh, für die Jahre, da wir Böses erfuhren. Dein Werk mache offenbar Deinen Knechten, und ihren Kindern mache kund Deine Herrlichkeit. Und über uns sei die Güte des Herrn, und festige Du das Werk unserer Hände.

Psalm 100 Singen will ich von Huld und Gerechtigkeit Dir, o Herr, ich will Psalmen Dir singen und achten auf den schuldlosen Weg; wann kommst Du zu mir? Ich will wandeln in Reinheit des Herzens in meinem Hause. Ich will nicht stellen vor meine Augen ungerechte Sache, will hassen die Übertreter. Ein falsches Herz soll sich nicht an mich hängen; den Bösen, der von mir abweicht, will ich nicht kennen. Wer heimlich seinen Nächsten verleumdet, den will ich verfolgen; wem das Auge stolz ist und unersättlich das Herz, mit dem will ich nicht essen. Meine Augen sind gerichtet auf die Treuen im Lande, sie sollen wohnen bei mir. Wer wandelt auf rechtem Wege, der soll mir dienen. Es soll nicht wohnen in meinem Hause, wer überheblich tut. Wer unrecht redet, wird nicht recht tun in meinen Augen. In der Frühe will ich töten alle Sünder des Landes, um auszurotten aus der Stadt des Herrn alle Übeltäter.

Ehre sei dem Vater und dem Sohne und dem Heiligen Geiste jetzt und immerdar und in alle Ewigkeit. Amen.

Alleluja, alleluja, alleluja, Ehre sei Dir, o Gott. dreimal

Herr, erbarme Dich. dreimal

Ehre sei dem Vater und dem Sohne und dem Heiligen Geiste.

Troparion Ton 2

Der ehrwürdige Joseph nahm Deinen Leib vom Holze, hüllte ihn in reines Linnen, bedeckte ihn mit wohlduftenden Spezereien und legte ihn in ein neues Grab.

Ehre sei dem Vater und dem Sohne und dem Heiligen Geiste.

Als Du zum Tode hinabkamst, Du unsterbliches Leben, da hast Du den Hades getötet durch den Blitzstrahl der Gottheit. Als Du aber auch die Verstorbenen aus der Unterwelt auferwecktest, da haben alle himmlischen Kräfte gerufen: Lebensspender, Christus unser Gott, Ehre sei Dir.

Jetzt und immerdar und in alle Ewigkeit. Amen.

Wie sollen wir dich nennen, Gnadenerfüllte? Himmel? Denn du ließest uns leuchten die Sonne der Gerechtigkeit. Paradies? Denn du hast hervorgebracht die Blume der Unverweslichkeit. Jungfrau? Denn unversehrt bist du geblieben. Allreine Mutter? Denn auf deinen heiligen Armen hast du getragen deinen Sohn, den Gott des Alls. Bitte Ihn, unsere Seelen zu retten.

Richte meine Schritte nach Deinem Worte, und laß kein Unrecht über mich herrschen. Erlöse mich von der Bedrückung der Menschen, damit ich Deine Gebote halte. Laß Dein Angesicht leuchten über Deinen Knecht, und lehre mich Deine Gebote. Es füllt sich mein Mund, o Herr, mit Deinem Lob, damit ich singe Deine Herrlichkeit, den ganzen Tag Deine erhabene Größe.

Heiliger Gott, heiliger Starker, heiliger Unsterblicher, erbarme Dich unser. dreimal

Ehre sei dem Vater und dem Sohne und dem Heiligen Geiste jetzt und immerdar und in alle Ewigkeit. Amen.

Allheilige Dreieinigkeit, erbarme Dich unser; reinige uns, o Herr, von unseren Sünden; vergib, o Gebieter, unsere Vergehen; suche heim unsere Schwächen, o Heiliger, und heile sie um Deines Namens willen.

Herr, erbarme Dich. dreimal

Ehre sei dem Vater und dem Sohne und dem Heiligen Geiste jetzt und immerdar und in alle Ewigkeit. Amen.

Vater unser, der Du bist in den Himmeln; geheiligt werde Dein Name; Dein Reich komme; Dein Wille geschehe wie im Himmel so auch auf Erden. Unser tägliches Brot gib uns heute; und vergib uns unsere Schuld, wie auch wir vergeben unseren Schuldigern; und führe uns nicht in Versuchung, sondern erlöse uns von dem Bösen.

PRIESTER: Denn Dein ist das Reich und die Kraft und die Herrlichkeit, des Vaters und des Sohnes und des Heiligen Geistes, jetzt und immerdar und in alle Ewigkeit.

LESER: Amen.

Kondakion

Der den Abgrund verriegelt hat, wird als Toter erblickt. Der Unsterbliche wird in Myrrhe und Linnen gehüllt, wird als

Toter in das Grab gelegt. Ihn zu salben kamen bitterlich weinend die Frauen und riefen: Dies ist der hochgesegnete Sabbat, an dem Christus entschlafen ist, am dritten Tage wird Er auferstehen.

Herr, erbarme Dich. vierzigmal

O Du zu aller Zeit und zu jeder Stunde im Himmel und auf Erden angebeteter und hochgepriesener Christus, Gott! Du Langmütiger, Du Barmherziger, Du Huldvoller, der Du die Gerechten liebst und der Sünder Dich erbarmst, der Du alle zum Heile berufest durch die Verkündigung der zukünftigen Güter: Du Selbst, o Herr, nimm auch unsere Bitten entgegen, die wir in dieser Stunde an Dich richten, und richte unser Leben ein nach Deinen Geboten; heilige unsere Seelen, reinige unsere Leiber, mache zurecht unsere Gedanken, mache rein unser Sinnen und errette uns von aller Trübsal, Leid und Not. Umgib uns mit Deinen heiligen Engeln, auf daß wir, durch ihre Schar bewacht und geführt, zu der Einigung im Glauben und zur Erkenntnis Deiner unnahbaren Herrlichkeit gelangen; denn Du bist hochgelobt in alle Ewigkeit. Amen.

Herr, erbarme Dich. dreimal

Ehre sei dem Vater und dem Sohne und dem Heiligen Geiste jetzt und immerdar und in alle Ewigkeit. Amen.

Die du geehrter bist als die Cherubim und unvergleichlich herrlicher als die Seraphim, die du Gott, das Wort, unversehrt geboren hast, in Wahrheit Gottesgebärerin, dich preisen wir hoch!

Im Namen des Herrn gib, Vater, den Segen.

PRIESTER: O Gott, sei barmherzig mit uns, segne uns, laß leuchten Dein Angesicht über uns und erbarme Dich unser.

LESER: Amen.

PRIESTER: Christus, Du wahres Licht, das jeden Menschen erleuchtet und heiligt, der in die Welt kommt, laß über uns aufscheinen das Licht Deines Angesichtes, auf daß wir darin Dein unzugängliches Licht schauen; lenke unsere Schritte zur Erfüllung Deiner Gebote auf die Fürbitten Deiner allreinen Mutter und all Deiner Heiligen. Amen.

CHOR: Dir, der für uns kämpfenden Heerführerin, bringen wir als Deine von den Übeln erlöste Gemeinde, dankerfüllte Siegeslieder dar. Du nun aber, da du unüberwindliche Kraft hast, errette uns aus allen Gefahren, auf daß wir dir zurufen: Sei gegrüßt, du unvermählte Braut.

PRIESTER: Ehre sei Dir, Christus, o Gott, unsere Hoffnung, Ehre sei Dir.

CHOR: Ehre sei dem Vater und dem Sohne und dem Heiligen Geiste jetzt und immerdar und in alle Ewigkeit. Amen.

Herr, erbarme Dich. dreimal

Gib den Segen.

PRIESTER: Christus, unser wahrer Gott, möge auf die Gebete Seiner allerreinsten Mutter, der heiligen Gott-tragenden Väter und aller Heiligen Sich unser erbarmen als der Gütige und Menschenliebende.

CHOR: Amen.

HEILIGER UND HOHER SAMSTAG

SABBAT

Stundenlesung:

3. Stunde (Terz)

6. Stunde (Sext)

9. Stunde (Non)

Izobrazitel'nyja (Typika)

3. STUNDE

PRIESTER: Gepriesen sei unser Gott allezeit, jetzt und immerdar und in alle Ewigkeit.

LESER: Amen.

Ehre sei Dir, unser Gott, Ehre sei Dir.

Himmlischer König, Tröster, Du Geist der Wahrheit, allgegenwärtig und alles erfüllend, Hort der Güter und Lebenspender, komm, wohne in uns, reinige uns von jedem Makel und rette, Gütiger, unsere Seelen.

Heiliger Gott, heiliger Starker, heiliger Unsterblicher, erbarme Dich unser. dreimal

Ehre sei dem Vater und dem Sohne und dem Heiligen Geiste jetzt und immerdar und in alle Ewigkeit. Amen.

Allheilige Dreieinigkeit, erbarme Dich unser; reinige uns, o Herr, von unseren Sünden; vergib, o Gebieter, unsere Vergehen; suche heim unsere Schwächen, o Heiliger, und heile sie um Deines Namens willen.

Herr, erbarme Dich. dreimal

Ehre sei dem Vater und dem Sohne und dem Heiligen Geiste jetzt und immerdar und in alle Ewigkeit. Amen.

Vater unser, der Du bist in den Himmeln; geheiligt werde Dein Name; Dein Reich komme; Dein Wille geschehe wie im Himmel so auch auf Erden. Unser tägliches Brot gib uns heute; und vergib uns unsere Schuld, wie auch wir vergeben unseren Schuldigern; und führe uns nicht in Versuchung, sondern erlöse uns von dem Bösen.

PRIESTER: Denn Dein ist das Reich und die Kraft und die Herrlichkeit, des Vaters und des Sohnes und des Heiligen Geistes, jetzt und immerdar und in alle Ewigkeit.

LESER: Amen.

Herr, erbarme Dich. zwölfmal

Ehre sei dem Vater und dem Sohne und dem Heiligen Geiste jetzt und immerdar und in alle Ewigkeit. Amen.

Kommet, lasset uns anbeten Gott, unseren König.

Kommet, lasset uns anbeten und niederfallen vor Christus, Gott, unserem König.

Kommet, lasset uns anbeten und niederfallen vor Christus selbst, unserem König und Gott.

Psalm 16   Höre, o Herr, die gerechte Sache, habe acht auf mein Flehen, nimm auf mein Gebet, es kommt von lauteren Lippen. Von Deinem Angesicht ergehe mein Urteil, Deine Augen schauen das Recht. Wenn Du erforschest mein Herz und suchest es heim in der Nacht und wenn Du mich prüfest im Feuer, Du findest kein Unrecht an mir. Nicht sündigt mein Mund, wie Menschen es tun; das Wort Deiner Lippen, ich hab es gewahrt. An den vorgeschriebenen Pfaden halten fest meine Schritte, an Deinen Spuren, daß meine Füße nicht straucheln. Ich rufe zu Dir, und Du wirst mich erhören, o Gott, neige zu mir Dein Ohr, vernimm meine Worte. Wirke Wunder Deiner Barmherzigkeit, denn Du rettest vor dem Feind, die zu Deiner

Rechten sich flüchten. Hüte mich wie den Stern Deines Auges (Augapfel), im Schatten Deiner Flügel beschütze mich vor den Frevlern, die hart mich bedrängen. Wütend umringen mich meine Gegner, sie verschließen ihr fühlloses Herz, Übermut redet ihr Mund. Schon umkreisen sie mich, ihre Augen spähen aus, mich niederzustrecken: Dem Löwen gleich, der lechzet nach Beute, wie der junge Löwe, der im Verborgenem lauert. Steh auf, o Herr, tritt ihm entgegen und wirf ihn zu Boden, mit Deinem Schwert rette vor dem Frevler mein Leben. Deine Hand, Herr, befreie mich von den Menschen, von Menschen, deren Anteil allein dieses Leben ist. Was Du aufgespart, fülle damit ihren Leib. Mögen sie satt sein an Söhnen, mögen, was übrig,ihre Kinder noch erben. Ich aber werde in Gerechtigkeit schauen Dein Angesicht, an deiner Gestalt mich sättigen, wenn ich erwache.

Psalm 24 Zu Dir, Herr, erhebe ich meine Seele, Du mein Gott: auf Dich vertraue ich, laß mich zuschanden nicht werden; nicht sollen über mich triumphieren die Feinde. Denn alle, die Deiner harren, sie werden nimmer zuschanden; zuschanden werden, die leichthin brechen die Treue.Zeige mir Deine Wege, o Herr, und lehre mich in Deiner Wahrheit und lehre mich Deine Pfade. Führe mich in Deiner Wahrheit und lehre mich, denn Du bist mein Gott und Helfer; allzeit harre ich Dein. Gedenke Deines Erbarmens, o Herr, und Deiner Gnade, die waltet von Anbeginn. Meiner Jugend Sünden und meiner Verirrungen denke nicht mehr, Herr, gedenke meiner in Gnade. Gütig ist der Herr und getreu, darum weist er dem Sünder den Weg. Die Willigen führt Er nach Recht, Demütige lehret Er Seine Pfade. Alle Wege des Herrn sind Gnade und Treue für jene, die Seinen Bund und Seine Gebote bewahren. Um Deines Namens willen, Herr, vergib meine Sünde, denn sie ist groß. Wer ist der Mann, der fürchtet den Herrn? Ihm weist Er den Weg, den er wählen soll. Seine Seele darf leben im Glück, und seine Kinder werden besitzen das Land. Des Herrn Geheimnis wird denen zuteil, die Ihn fürchten; Er macht

Seinen Bund ihnen offenbar. Immerdar schauen meine Augen zum Herrn; Er ist es, Der meinen Fuß befreit aus der Schlinge. Blicke auf mich und erbarme Dich meiner, denn einsam bin ich und arm. Löse meines Herzens Bedrängnis, aus meinen Nöten errette mich. Schaue mein Elend und meine Plage und vergib mir alle meine Schuld. Sieh an meine Feinde, wie groß ihre Zahl; wie wütend der Haß, mit dem sie mich hassen. Bewahre meine Seele und rette mich; laß zuschanden mich nicht werden, ich flüchte zu Dir. Behüten mögen mich Unschuld und redlicher Sinn; Herr, ich hoffe auf Dich, erlöse, o Gott, Dein Volk aus all seinen Nöten.

Psalm 50 Erbarme Dich meiner, o Gott, nach Deiner großen Güte, nach der Fülle Deines Erbarmens tilge meine Schuld. Wasche mich rein von meiner Missetat, reinige mich von meiner Sünde. Denn ich kenne mein Vergehen, und meine Sünde steht mir immerdar vor Augen. Ich habe gesündigt an Dir allein; was böse vor Dir, ich habe es getan. Nun erweisest Du Dich in Deinem Urteil gerecht, und recht behalten hast Du in Deinem Gerichte. Siehe, in Schuld bin ich geboren, und ich war schon in Sünde, als mich die Mutter empfangen. Doch siehe, Du hast Gefallen an der Wahrheit des Herzens; lehre mich Geheimnisse der Weisheit. Besprenge mich mit Ysop, so werde ich rein; wasche mich, und ich werde weißer als der Schnee. Laß mich vernehmen Freude und Wonne, und mein zerschlagen Gebein wird frohlocken. Wende ab von meinen Sünden Dein Angesicht und tilge all meinen Frevel. Ein reines Herz erschaffe mir, Gott, und einen festen Geist erwecke mir neu. Von Deinem Antlitz verstoße mich nicht. Nimm von mir nicht hinweg Deinen heiligen Geist. Deines Heiles Wonne schenke mir wieder, in willigem Geiste mache mich stark. Dann will ich Deine Wege den Irrenden weisen, und Sünder werden sich bekehren zu Dir. Errette mich aus der Blutschuld, o Gott, Du Gott meines Heiles, und meine Zunge wird Deine Gerechtigkeit rühmen. Herr, tue auf meine Lippen, und mein

Mund wird verkünden Dein Lob. Denn Schlachtopfer begehrst Du nicht; und gäbe ich Dir Brandopfer, es gefiele Dir nicht. Ein Opfer, das Gott gefällt, ist ein zerbrochener Geist; ein reuevolles und demütiges Herz wirst Du, o Gott, nicht verachten. Tue Sion Gutes nach Deinem Wohlgefallen, baue die Mauern Jerusalems auf. Dann hast Du Gefallen am Opfer der Gerechtigkeit, an Gaben und Brandopfern, dann wird man Opfertiere legen auf Deinen Altar.

Ehre sei dem Vater und dem Sohne und dem Heiligen Geiste jetzt und immerdar und in alle Ewigkeit. Amen.

Alleluja, alleluja, alleluja, Ehre sei Dir, o Gott. dreimal

Herr, erbarme Dich. dreimal

Ehre sei dem Vater und dem Sohne und dem Heiligen Geiste.

Troparion

Der ehrwürdige Joseph nahm Deinen Leib vom Holze, hüllte ihn in reines Linnen, bedeckte ihn mit wohlduftenden Spezereien und legte ihn in ein neues Grab.

Ehre sei dem Vater und dem Sohne und dem Heiligen Geiste.

Den Myrrhenöl tragenden Frauen rief der am Grabe stehende Engel zu: Das Salböl gebührt einem Verstorbenen; Christus aber hat Sich als der Verwesung fremd erwiesen.

Jetzt und immerdar und in alle Ewigkeit. Amen.

Gottesgebärerin, du bist der wahre Weinstock, der uns die Frucht des Lebens gebracht hat. Darum flehen wir zu dir: Bitte für uns, Gebieterin, mit den heiligen Aposteln, auf daß unsere Seelen Gnade finden.

Der Herr, Gott, sei gepriesen, gepriesen sei der Herr Tag für Tag. Es wird eilen der Gott unseres Heiles, unser Gott, uns zu erretten.

Heiliger Gott, heiliger Starker, heiliger Unsterblicher, erbarme Dich unser. dreimal

Ehre sei dem Vater und dem Sohne und dem Heiligen Geiste jetzt und immerdar und in alle Ewigkeit. Amen.

Allheilige Dreieinigkeit, erbarme Dich unser; reinige uns, o Herr, von unseren Sünden; vergib, o Gebieter, unsere Vergehen; suche heim unsere Schwächen, o Heiliger, und heile sie um Deines Namens willen.

Herr, erbarme Dich. dreimal

Ehre sei dem Vater und dem Sohne und dem Heiligen Geiste jetzt und immerdar und in alle Ewigkeit. Amen.

Vater unser, der Du bist in den Himmeln; geheiligt werde Dein Name; Dein Reich komme; Dein Wille geschehe wie im Himmel so auch auf Erden. Unser tägliches Brot gib uns heute; und vergib uns unsere Schuld, wie auch wir vergeben unseren Schuldigern; und führe uns nicht in Versuchung, sondern erlöse uns von dem Bösen.

PRIESTER: Denn Dein ist das Reich und die Kraft und die Herrlichkeit, des Vaters und des Sohnes und des Heiligen Geistes, jetzt und immerdar und in alle Ewigkeit.

LESER: Amen.

Kondakion Ton 6

Der den Abgrund verriegelt hat, wird als Toter erblickt. Der Unsterbliche wird in Myrrhe und Linnen gehüllt, wird als Toter in das Grab gelegt. Ihn zu salben kamen bitterlich weinend die Frauen und riefen: Dies ist der hochgesegnete Sabbat, an dem Christus entschlafen ist, am dritten Tage wird Er auferstehen.

Herr, erbarme Dich. vierzigmal

O Du zu aller Zeit und zu jeder Stunde im Himmel und auf Erden angebeteter und hochgepriesener Christus, Gott! Du

Langmütiger, Du Barmherziger, Du Huldvoller, der Du die Gerechten liebst und der Sünder Dich erbarmst, der Du alle zum Heile berufest durch die Verkündigung der zukünftigen Güter: Du Selbst, o Herr, nimm auch unsere Bitten entgegen, die wir in dieser Stunde an Dich richten, und richte unser Leben ein nach Deinen Geboten; heilige unsere Seelen, reinige unsere Leiber, mache zurecht unsere Gedanken, mache rein unser Sinnen und errette uns von aller Trübsal, Leid und Not. Umgib uns mit Deinen heiligen Engeln, auf daß wir, durch ihre Schar bewacht und geführt, zu der Einigung im Glauben und zur Erkenntnis Deiner unnahbaren Herrlichkeit gelangen; denn Du bist hochgelobt in alle Ewigkeit. Amen.

Herr, erbarme Dich. dreimal

Ehre sei dem Vater und dem Sohne und dem Heiligen Geiste jetzt und immerdar und in alle Ewigkeit. Amen.

Die du geehrter bist als die Cherubim und unvergleichlich herrlicher als die Seraphim, die du Gott, das Wort, unversehrt geboren hast, in Wahrheit Gottesgebärerin, dich preisen wir hoch!

Im Namen des Herrn gib, Vater, den Segen.

PRIESTER: Um der Gebete unserer heiligen Väter willen, Herr Jesus Christus, unser Gott, erbarme Dich unser.

LESER: Amen.

Gebieter, Gott, Vater, Allmächtiger; Herr, eingeborener Sohn Jesus Christus; und Heiliger Geist: Eine Gottheit, eine Macht, erbarme Dich meiner, des Sünders, und nach Deinem Dir bekannten Ratschluß errette mich, Deinen unwürdigen Knecht; denn gepriesen bist Du in alle Ewigkeit. Amen.

6. STUNDE

LESER:

Kommet, lasset uns anbeten Gott, unseren König.

Kommet, lasset uns anbeten und niederfallen vor Christus, Gott, unserem König.

Kommet, lasset uns anbeten und niederfallen vor Christus selbst, unserem König und Gott.

Psalm 53 Hilf mir, Gott, durch Deinen Namen und schaffe mir Recht in Deiner Kraft. Höre, o Gott, mein Gebet, lausche dem Worte meines Mundes. Denn wider mich erhoben sich Stolze, Männer der Gewalt, sie trachten mir nach dem Leben, nicht haben sie Gott vor Augen. Doch siehe, Gott ist mein Helfer, meines Lebens erhaltende Kraft ist der Herr. Wende zurück das Unheil auf meine Gegner, in Deiner Treue, Herr, mache sie zunichte. Dann will ich Opfer Dir bringen in Freude, preisen will ich Deinen Namen, denn er ist gut. Er hat mich entrissen all meiner Trübsal, und mein Auge hat die Feinde geschaut in Verwirrung.

Psalm 54 Vernimm, o Gott, mein Flehen, verschmähe nicht mein Gebet; neige Dich mir und erhöre mich. Ich bin getrieben von meiner Angst, verwirrt vom Lärmen des Feindes und von des Sünders Geschrei. Denn sie bringen über mich Unheil, sie feinden wütend mich an. Das Herz in meinem Innern ist mir verstört, Todesschrecken fällt über mich. Es überkommt mich Fürchten und Zagen, und Schauer erfaßt mich. Ich sage: Hätte ich doch die Flügel der Taube, ich flöge auf und käme zur Ruh. Ja, entfliehen wollte ich weit von hier, in der Einöde wollte ich wohnen. Eilig suchte ich mir eine Zuflucht, gefeit vor Wetter und Wind, vor dem reißenden Sturm, o Herr, und vor dem Fluß ihrer Zunge; schaue ich doch Zwietracht nur und Gewalt in der Stadt. Tag und Nacht umkreisen sie die Stadt auf den Mauern, und drinnen hausen Bedrückung und Frevel. In ihrer Mitte wohnt Falschheit, nimmermehr

hörten auf in den Straßen Bestechung und Trug. Hätte mich ge-
schmäht der Feind, ich hätte es wohl ertragen; hätte sich wider
mich erhoben mein Hasser, ich hätte mich verborgen vor ihm.
Du aber warst es, mein Mitgenosse, Du, mein Freund, mein
Vertrauter. Einer, mit dem ich pflegte holde Gemeinschaft im
Hause Gottes. Sie sollen dahingehen in Unrast; es komme der
Tod über sie. Lebendig sollen sie fahren zum Abgrund; denn
wo sie weilen, in ihrer Mitte ist Bosheit. Ich aber rufe zu Gott,
und der Herr wird mich erretten. Ich will vor Ihm klagen und
seufzen am Abend, am Morgen, am Mittag, und hören wird Er
auf meine Stimme. In den Frieden rettet Er meine Seele vor
denen, die mich befehden; denn viele sind wider mich. Gott
wird mich hören, und Er zwingt sie darnieder, Er, der herrschet
von Ewigkeit; denn sie wandeln sich nicht, und nimmer
kennen sie Gottesfurcht. Erhebt doch ein jeder gegen seine
Vertrauten die Hand, treulos dem gegebenen Wort. Glatt wie
Butter ist seine Miene, im Herzen aber sinnet er Krieg. Seine
Reden sind linder als Öl, doch in Wahrheit sind es erhobene
Schwerter. Wirf auf den Herrn deine Sorge, Er wird dich erhalten; den Gerechten läßt Er nicht wanken in Ewigkeit. Du
aber, Gott, stürze sie alle hinab in die tiefste Grube. Männer,
die Bluttat verüben und Trug, nicht die Hälfte ihrer Tage
werden sie sehen; aber ich vertraue auf Dich.

Psalm 90 Wer unter dem Schirm des Höchsten wohnt, wer
im Schatten des Allmächtigen ruht, der darf sprechen zum
Herrn: "Meine Zuflucht, meine Feste, mein Gott, auf Den ich
vertraue!" Denn Er errettet dich aus der Schlinge des Jägers,
vor Tod und Verderben. Mit Seinem Fittich bedeckt Er dich,
und unter Seinen Flügeln findest du Zuflucht. Du brauchst
dich nicht zu fürchten vor dem Schrecken der Nacht noch vor
dem Pfeil, der am Tage fliegt, nicht vor der Pest, die im Fin-
stern einhergeht, noch vor der Seuche, die am Mittag verwüstet. Ob tausend fallen an deiner Seite, zehntausend zu
deiner Rechten, dich trifft es nicht; Schild und Schutz ist Seine

Treue. Ja, mit eigenen Augen darfst du es schauen, darfst sehen, wie den Gottlosen vergolten wird. Denn deine Zuversicht ist der Herr, den Höchsten hast du zu deiner Zuflucht gemacht. Es wird dir kein Unheil begegnen, keine Plage zu deinem Zelte sich nahen. Denn Seine Engel wird Er für dich entbieten, dich zu behüten auf all deinen Wegen. Sie werden dich auf den Händen tragen, daß dein Fuß nicht an einen Stein stoße. Über Löwen und Schlangen wirst du schreiten, wirst zertreten Löwen und giftige Schlangen. "Weil er an Mir hängt, will Ich ihn retten, will ihn schützen, denn er kennt Meinen Namen. Er ruft Mich an, und Ich erhöre ihn; Ich bin bei ihm in der Not, reiße ihn heraus und bringe ihn zu Ehren. Ich sättige ihn mit langem Leben und lasse ihn schauen mein Heil."

Ehre sei dem Vater und dem Sohne und dem Heiligen Geiste jetzt und immerdar und in alle Ewigkeit. Amen.

Alleluja, alleluja, alleluja, Ehre sei Dir, o Gott. dreimal

Herr, erbarme Dich. dreimal

Ehre sei dem Vater und dem Sohne und dem Heiligen Geiste.

Troparion

Der ehrwürdige Joseph nahm Deinen Leib vom Holze, hüllte ihn in reines Linnen, bedeckte ihn mit wohlduftenden Spezereien und legte ihn in ein neues Grab.

Ehre sei dem Vater und dem Sohne und dem Heiligen Geiste.

Als Du zum Tode hinabkamst, Du unsterbliches Leben, da hast Du den Hades getötet durch den Blitzstrahl der Gottheit. Als Du aber auch die Verstorbenen aus der Unterwelt auferwecktest,da haben alle himmlischen Kräfte gerufen: Lebensspender, Christus unser Gott, Ehre sei Dir.

Jetzt und immerdar und in alle Ewigkeit. Amen.

Da wir zagen wegen unserer allzu vielen Sünden, so bitte zu Dem, Der aus Dir geboren ist, Gottesgebärerin, Jungfrau, denn viel vermag das mütterliche Flehen bei der Herzensgüte des Gebieters. Verachte nicht die Bitten der Sünder, du Allreine, denn barmherzig ist Er und kann erretten, Der auch für uns zu leiden geruht hat.

Dein Erbarmen möge uns eilends zuvorkommen, denn wir sind gar schwach geworden. Hilf uns, o Gott, unser Erlöser, um der Herrlichkeit willen Deines Namens, o Herr, erlöse uns und vergib uns unsere Sünden um Deines Namens willen

Heiliger Gott, heiliger Starker, heiliger Unsterblicher, erbarme Dich unser. dreimal

Ehre sei dem Vater und dem Sohne und dem Heiligen Geiste jetzt und immerdar und in alle Ewigkeit. Amen.

Allheilige Dreieinigkeit, erbarme Dich unser; reinige uns, o Herr, von unseren Sünden; vergib, o Gebieter, unsere Vergehen; suche heim unsere Schwächen, o Heiliger, und heile sie um Deines Namens willen.

Herr, erbarme Dich. dreimal

Ehre sei dem Vater und dem Sohne und dem Heiligen Geiste jetzt und immerdar und in alle Ewigkeit. Amen.

Vater unser, der Du bist in den Himmeln; geheiligt werde Dein Name; Dein Reich komme; Dein Wille geschehe wie im Himmel so auch auf Erden. Unser tägliches Brot gib uns heute; und vergib uns unsere Schuld, wie auch wir vergeben unseren Schuldigern; und führe uns nicht in Versuchung, sondern erlöse uns von dem Bösen.

PRIESTER: Denn Dein ist das Reich und die Kraft und die Herrlichkeit, des Vaters und des Sohnes und des Heiligen Geistes, jetzt und immerdar und in alle Ewigkeit.

LESER: Amen.

Kondakion Ton 6

Der den Abgrund verriegelt hat, wird als Toter erblickt. Der Unsterbliche wird in Myrrhe und Linnen gehüllt, wird als Toter in das Grab gelegt. Ihn zu salben kamen bitterlich weinend die Frauen und riefen: Dies ist der hochgesegnete Sabbat, an dem Christus entschlafen ist, am dritten Tage wird Er auferstehen.

Herr, erbarme Dich. vierzigmal

O Du zu aller Zeit und zu jeder Stunde im Himmel und auf Erden angebeteter und hochgepriesener Christus, Gott! Du Langmütiger, Du Barmherziger, Du Huldvoller, der Du die Gerechten liebst und der Sünder Dich erbarmst, der Du alle zum Heile berufest durch die Verkündigung der zukünftigen Güter: Du Selbst, o Herr, nimm auch unsere Bitten entgegen, die wir in dieser Stunde an Dich richten, und richte unser Leben ein nach Deinen Geboten; heilige unsere Seelen, reinige unsere Leiber, mache zurecht unsere Gedanken, mache rein unser Sinnen und errette uns von aller Trübsal, Leid und Not. Umgib uns mit Deinen heiligen Engeln, auf daß wir, durch ihre Schar bewacht und geführt, zu der Einigung im Glauben und zur Erkenntnis Deiner unnahbaren Herrlichkeit gelangen; denn Du bist hochgelobt in alle Ewigkeit. Amen.

Herr, erbarme Dich. dreimal

Ehre sei dem Vater und dem Sohne und dem Heiligen Geiste jetzt und immerdar und in alle Ewigkeit. Amen.

Die du geehrter bist als die Cherubim und unvergleichlich herrlicher als die Seraphim, die du Gott, das Wort, unversehrt geboren hast, in Wahrheit Gottesgebärerin, dich preisen wir hoch!

Im Namen des Herrn gib, Vater, den Segen.

PRIESTER: Um der Gebete unserer heiligen Väter willen, Herr Jesus Christus, unser Gott, erbarme Dich unser.

LESER: Amen.

Gott und Herr der Kräfte, Erbauer aller Schöpfung, der Du durch die Barmherzigkeit Deiner beispiellosen Gnade Deinen einziggeborenen Sohn, unseren Herrn Jesus Christus, um des Heiles unseres Geschlechtes willen herabgesandt und um Seines kostbaren Kreuzes willen den Schuldschein unserer Sünden zerrissen und dadurch die Fürsten und die Gewalten der Finsternis gefesselt im Triumphe geführt hast; Du selbst, huldvoller Gebieter, nimm auch von uns Sündern diese Dank- und Bittgebete an und errette uns von jeder verderblichen und finsteren Versündigung und von allen sichtbaren und unsichtbaren Feinden, die uns zu schaden trachten. Festige unser Fleisch in Deiner Furcht, und lasse nicht zu, daß unsere Herzen zu Worten oder Gedanken der Bosheit sich neigen! Laß Deine Liebe eindringen in unsere Seelen, auf daß wir allezeit zu Dir aufblicken und durch Dein Licht geleitet, Dich, das unzugängliche und ewige Licht, anschauend, Dir unaufhörliche Bekenntnisse und Danksagungen emporsenden, Dir, dem anfanglosen Vater, samt Deinem einziggeborenen Sohne und Deinem allheiligen und guten und lebendigmachenden Geiste, jetzt und immerdar und in alle Ewigkeit. Amen.

9. STUNDE

LESER:

Kommet, lasset uns anbeten Gott, unseren König.

Kommet, lasset uns anbeten und niederfallen vor Christus, Gott, unserem König.

Kommet, lasset uns anbeten und niederfallen vor Christus selbst, unserem König und Gott.

Psalm 83 Wie freundlich ist Deine Wohnstatt, Herr der Heerscharen! Meine Seele vergeht in Sehnsucht nach den Vorhöfen des Herrn! Mein Geist und mein Leib, sie jubeln dem lebendigen Gott. Selbst der Sperling hat gefunden ein Heim und die Schwalbe ein Nest, darin ihre Jungen zu bergen: Deine Altäre, Herr der Heerscharen, Du, mein Gott und mein König! Selig, die wohnen in Deinem Hause, sie werden Dich immerdar preisen. Selig die Menschen, deren Kraft in Dir gründet, deren Herz bei der Wallfahrt ist. Und pilgern sie hin durch das Tal der Tränen (Baka-Tal), es wird zum Tale der Quellen. Frühregen kleidet es in die Fülle des Segens. Von Höhe zu Höhe ziehn sie hinauf, es erscheint ihnen Gott auf dem Sion. Höre mein Beten, Herr der Heerscharen! Jakobs Gott, leihe gnädig Dein Ohr. Du, unser Schild, o Gott, schau hernieder! Siehe das Antlitz Deines Gesalbten! Besser in Deinen Hallen ein einziger Tag als tausend Tage ferne von Dir. Lieber stehn an der Schwelle vor dem Haus meines Gottes als wohnen in den Zelten der Sünder. Denn Gott ist Sonne und Schild; Herrlichkeit verleiht Er und Gnade. Kein Gut wird Er denen versagen, die da wandeln in Unschuld. Herr der Heerscharen, selig, wer vertrauet auf Dich.

Psalm 84 Gnade hast Du gewährt, Herr, Deinem Lande, Jakobs Los gewendet zum Guten. Deinem Volke hast Du erlassen die Schuld, hast zugedeckt alle seine Missetat. Du hast besänftigt all deinen Grimm, aufgegeben die Glut Deines Zornes. Schaffe uns wieder neu, o Gott, unser Retter, tu ab den Unmut, den Du trägst wider uns. Willst Du uns grollen auf ewig? Soll währen Dein Zorn durch alle Geschlechter? Wirst Du uns nimmer Leben verleihen? Wird Dein Volk sich nimmer freuen in Dir? Zeige uns Dein Erbarmen, o Herr, gewähre uns gnädig Dein Heil. Hören will ich, was kündet der Herr, unser Gott: wahrhaftig, Er kündet den Frieden: Frieden Seinem Volke und all Seinen Frommen, allen, die von Herzen zu Ihm sich bekehren. Ja, allen, die Ihn fürchten, ist nahe Sein Heil, und Herrlichkeit wird wohnen in unserem Lande. Begegnen werden sich Erbarmen und Treue, Gerechtigkeit und Friede werden sich küssen. Aus der Erde sprießet die Treue, Gerechtigkeit blickt hernieder vom Himmel. Ja, der Herr verleiht

Seinen Segen, und unsere Erde gibt ihre Frucht. Gerechtigkeit geht vor Ihm her, und Frieden auf der Wegspur Seiner Schritte.

Psalm 85   Neige, Herr, Dein Ohr und erhöre mich, denn ich bin elend und arm. Bewahre meine Seele, Dir bin ich zu eigen; hilf Deinem Knecht, der hoffet auf Dich. Mein Gott bist Du; o Herr, sei mir gnädig; ich rufe zu Dir ohne Unterlaß. Erfreue Deines Knechtes Gemüt; zu Dir, o Herr, erhebe ich meine Seele. Denn Du, o Herr, bist gütig und milde; für alle, die Dich rufen, lauter Erbarmen. Vernimm, Herr, mein Gebet, merk auf meine flehende Stimme! Ich rufe zu Dir am Tag der Bedrängnis; ich weiß, Du wirst mich erhören. Keiner ist wie Du, o Herr, keiner der Götter, nichts gleicht Deinen Taten, die Du getan. Alle Völker kommen und beten Dich an und preisen, o Herr, Deinen Namen. Denn groß bist Du und mächtig der Wunder, Du allein nur bist Gott. Weise mir Deinen Weg, Herr, daß ich wandle in Deiner Wahrheit; lenke mein Herz, Deinen Namen zu fürchten. Herr, mein Gott, von ganzem Herzen will ich Dich preisen, Deinen Namen will ich rühmen in Ewigkeit. Denn groß war gegen mich Dein Erbarmen, meine Seele hast Du entrissen dem Abgrund des Todes. O Gott, es erheben sich wider mich Stolze, die Rotte der Mächtigen trachtet mir nach dem Leben, und keiner hat Dich vor Augen. Du aber, Herr, bist ein Gott, der barmherzig und gnädig ist; zögernd im Zorn und reich an Güte und Treue. Blicke auf mich und schenke mir Dein Erbarmen; gib mir Kraft, Deinem Knechte, hilf dem Sohn Deiner Magd. Ein Zeichen Deiner Gnade erweise an mir; und die mich hassen, sie sollen es sehen in Scham! Denn Du, Herr, Du hast mir geholfen und hast mich getröstet.

Ein Zeichen Deiner Gnade erweise an mir; und die mich hassen, sie sollen es sehen in Scham! Denn Du, Herr, Du hast mir geholfen und hast mich getröstet.

Ehre sei dem Vater und dem Sohne und dem Heiligen Geiste jetzt und immerdar und in alle Ewigkeit. Amen.

Alleluja, alleluja, alleluja, Ehre sei Dir, o Gott. dreimal

Herr, erbarme Dich. dreimal

Ehre sei dem Vater und dem Sohne und dem Heiligen Geiste.

Troparion

Der ehrwürdige Joseph nahm Deinen Leib vom Holze, hüllte ihn in reines Linnen, bedeckte ihn mit wohlduftenden Spezereien und legte ihn in ein neues Grab.

Ehre sei dem Vater und dem Sohne und dem Heiligen Geiste.

Den Myrrhenöl tragenden Frauen rief der am Grabe stehende Engel zu: Das Salböl gebührt einem Verstorbenen; Christus aber hat Sich als der Verwesung fremd erwiesen.

Jetzt und immerdar und in alle Ewigkeit. Amen.

Der Du um unseretwillen geboren bist von der Jungfrau und die Kreuzigung erlitten hast, o Gütiger, der Du durch den Tod den Tod zerstört und durch die Auferstehung Dich erzeigt hast als Gott; verachte nicht, was Du geschaffen hast mit Deiner Hand, erzeige Deine Menschenliebe, o Barmherziger; nimm an die Gottesgebärerin, die Dich geboren hat und für uns bittet, und errette, o Erlöser, das verzweifelte Volk.

Überliefere uns nicht bis ans Ende, um Deines Namens willen, und löse Deinen Bund nicht auf und nimm Dein Erbarmen nicht von uns um Abrahams, des von Dir geliebten, und Isaaks, Deines Knechtes, und Israels, Deines Heiligen willen.

Heiliger Gott, heiliger Starker, heiliger Unsterblicher, erbarme Dich unser. dreimal

Ehre sei dem Vater und dem Sohne und dem Heiligen Geiste jetzt und immerdar und in alle Ewigkeit. Amen.

Allheilige Dreieinigkeit, erbarme Dich unser; reinige uns, o Herr, von unseren Sünden; vergib, o Gebieter, unsere

Vergehen; suche heim unsere Schwächen, o Heiliger, und heile sie um Deines Namens willen.

Herr, erbarme Dich. dreimal

Ehre sei dem Vater und dem Sohne und dem Heiligen Geiste jetzt und immerdar und in alle Ewigkeit. Amen.

Vater unser, der Du bist in den Himmeln; geheiligt werde Dein Name; Dein Reich komme; Dein Wille geschehe wie im Himmel so auch auf Erden. Unser tägliches Brot gib uns heute; und vergib uns unsere Schuld, wie auch wir vergeben unseren Schuldigern; und führe uns nicht in Versuchung, sondern erlöse uns von dem Bösen.

PRIESTER: Denn Dein ist das Reich und die Kraft und die Herrlichkeit, des Vaters und des Sohnes und des Heiligen Geistes, jetzt und immerdar und in alle Ewigkeit.

LESER: Amen.

Kondakion Ton 6

Der den Abgrund verriegelt hat, wird als Toter erblickt. Der Unsterbliche wird in Myrrhe und Linnen gehüllt, wird als Toter in das Grab gelegt. Ihn zu salben kamen bitterlich weinend die Frauen und riefen: Dies ist der hochgesegnete Sabbat, an dem Christus entschlafen ist, am dritten Tage wird Er auferstehen.

Herr, erbarme Dich. vierzigmal

O Du zu aller Zeit und zu jeder Stunde im Himmel und auf Erden angebeteter und hochgepriesener Christus, Gott! Du Langmütiger, Du Barmherziger, Du Huldvoller, der Du die Gerechten liebst und der Sünder Dich erbarmst, der Du alle zum Heile berufest durch die Verkündigung der zukünftigen Güter: Du Selbst, o Herr, nimm auch unsere Bitten entgegen, die wir in dieser Stunde an Dich richten, und richte unser Leben ein nach Deinen Geboten; heilige unsere Seelen, reinige unsere Leiber, mache zurecht unsere Gedanken, mache rein unser Sinnen und errette uns von aller Trübsal, Leid und Not. Umgib uns mit Deinen heiligen Engeln, auf daß wir, durch ihre Schar bewacht und geführt, zu der Einigung im Glauben und zur Erkenntnis Deiner unnahbaren Herrlichkeit gelangen; denn Du bist hochgelobt in alle Ewigkeit. Amen.

Herr, erbarme Dich. dreimal

Ehre sei dem Vater und dem Sohne und dem Heiligen Geiste jetzt und immerdar und in alle Ewigkeit. Amen.

Die du geehrter bist als die Cherubim und unvergleichlich herrlicher als die Seraphim, die du Gott, das Wort, unversehrt geboren hast, in Wahrheit Gottesgebärerin, dich preisen wir hoch!

Im Namen des Herrn gib, Vater, den Segen.

PRIESTER: O Gott, sei barmherzig mit uns, segne uns, laß leuchten Dein Angesicht über uns und erbarme Dich unser.

LESER: Amen.

Gebieter, Herr Jesus Christus, unser Gott, der Du langmütig bist gegen unsere Vergehen und uns bis zur gegenwärtigen Stunde geführt hast, in der Du an das lebendigmachende Holz gehängt wurdest, dem guten Schächer aber den Eintritt ins Paradies bereitet und den Tod zerstört hast, erbarme Dich Deiner sündigen und unwürdigen Knechte. Denn wir haben gesündigt und gegen das Gesetz gehandelt; wir sind nicht würdig, unsere Augen zu erheben und aufzuschauen in den Himmel, weil wir den Weg Deiner Gerechtigkeit verlassen haben und gewandelt sind nach dem Willen unserer Herzen. Wir flehen aber zu Deiner unermeßlichen Güte: Schone uns, Herr, nach der Fülle Deines Erbarmens und rette uns um Deines heiligen Namens willen, weil unsere Tage in Eitelkeit vergangen sind. Entreiße uns der Hand des Widersachers und vergib uns unsere Sünden und ertöte unsere fleischliche Gesinnung, auf daß wir den alten Menschen ablegen, den neuen Menschen anziehen und Dir, unserem Gebieter und Wohltäter, leben und so Deinen Geboten nachfolgen, die ewige Ruhe erlangen, darin die Seligen wohnen. Denn Du bist die wahre Freude und das Frohlocken derer, die Dich lieben, Christus, unser Gott, und Dir senden wir Verherrlichung empor sowie Deinem anfanglosen Vater und Deinem allheiligen und guten und lebendigmachenden Geiste, jetzt und immerdar und in alle Ewigkeit. Amen.

TYPIKA

LESER:

In Deinem Reiche gedenke unser, o Herr, wenn Du in Dein Reich kommst.

Selig die Armen im Geiste, denn ihrer ist das Himmelreich. Gedenke unser, o Herr, wenn Du in Dein Reich kommst.

Selig die Trauernden, denn sie werden getröstet werden. Gedenke unser, o Herr, ...

Selig die Sanftmütigen, denn sie werden das Land besitzen. Gedenke unser, o Herr, ...

Selig, die hungern und dürsten nach der Gerechtigkeit, denn sie werden gesättigt werden. Gedenke unser, o Herr, ...

Selig die Barmherzigen, denn sie werden Barmherzigkeit erlangen. Gedenke unser, o Herr, ...

Selig, die reinen Herzens sind, denn sie werden Gott schauen. Gedenke unser, o Herr, ...

Selig die Friedensstifter, denn sie werden Söhne Gottes heißen. Gedenke unser, o Herr, ...

Selig, die verfolgt werden um der Gerechtigkeit willen, denn ihrer ist das Himmelreich. Gedenke unser, o Herr, ...

Selig seid ihr, wenn sie euch schmähen und verfolgen und euch Böses lügnerisch nachsagen um Meinetwillen. Gedenke unser, o Herr, ...

Freuet euch und frohlocket, denn euer Lohn ist groß im Himmel. Gedenke unser, o Herr, ...

Ehre sei dem Vater und dem Sohne und dem Heiligen Geiste. Gedenke unser, o Herr, ...

Jetzt und immerdar und in alle Ewigkeit. Amen. Gedenke unser, o Herr,...

Gedenke unser, o Herr, wenn Du in Dein Reich kommst.

Gedenke unser, o Gebieter, wenn Du in Dein Reich kommst.

Gedenke unser, o Heiliger, wenn Du in Dein Reich kommst.

Der himmlische Chor singt Dir und ruft: Heilig, heilig, heilig ist der Herr Zebaoth. Erfüllt sind Himmel und Erde von Deiner Herrlichkeit.

Vers: Tretet heran und lasset euch erleuchten, und euer Angesicht wird nicht zuschanden.

Der himmlische Chor singt Dir und ruft: Heilig, heilig, heilig ist der Herr Zebaoth. Erfüllt sind Himmel und Erde von Deiner Herrlichkeit.

Ehre sei dem Vater und dem Sohne und dem Heiligen Geiste.

Der Chor der heiligen Engel und der Erzengel, mit allen himmlischen Mächten, singt Dir und ruft: Heilig, heilig,heilig ist der Herr Zebaoth. Erfüllt sind Himmel und Erde von Deiner Herrlichkeit.

Jetzt und immerdar und in alle Ewigkeit. Amen.

Laß nach, vergib, verzeihe, o Gott, unsere willentlichen und unwillentlichen Versündigungen, die wir in Wort und Tat, wissentlich oder unwissentlich, am Tage oder in der Nacht, im Verstand oder Gedanken begangen haben, und verzeihe uns alles, denn Du bist gut und menschenliebend.

Vater unser, der Du bist in den Himmeln; geheiligt werde Dein Name; Dein Reich komme; Dein Wille geschehe wie im Himmel so auch auf Erden. Unser tägliches Brot gib uns heute; und vergib uns unsere Schuld, wie auch wir vergeben unseren Schuldigern; und führe uns nicht in Versuchung, sondern erlöse uns von dem Bösen.

PRIESTER: Denn Dein ist das Reich und die Kraft und die Herrlichkeit, des Vaters und des Sohnes und des Heiligen Geistes, jetzt und immerdar und in alle Ewigkeit.

LESER: Amen.

Kondakion Ton 6

Der den Abgrund verriegelt hat, wird als Toter erblickt. Der Unsterbliche wird in Myrrhe und Linnen gehüllt, wird als Toter in das Grab gelegt. Ihn zu salben kamen bitterlich weinend die Frauen und riefen: Dies ist der hochgesegnete Sabbat, an dem Christus entschlafen ist, am dritten Tage wird Er auferstehen.

Herr, erbarme Dich. vierzigmal

Ehre sei dem Vater und dem Sohne und dem Heiligen Geiste jetzt und immerdar und in alle Ewigkeit. Amen.

Die du geehrter bist als die Cherubim und unvergleichlich herrlicher als die Seraphim, die du Gott, das Wort, unversehrt geboren hast, in Wahrheit Gottesgebärerin, dich preisen wir hoch!

Im Namen des Herrn, gib, Vater, den Segen.

PRIESTER: O Gott, sei barmherzig mit uns, segne uns, laß leuchten Dein Angesicht über uns und erbarme Dich unser.

LESER: Amen.

O allheilige Dreieinigkeit, einwesentliche Macht, ungeteiltes Reich, Ursprung alles Guten: sei gnädig auch mir, dem Sünder; befestige und unterweise mein Herz und nimm alle Befleckung von mir. Erleuchte meinen Verstand, damit ich Dich verherrliche, Dich besinge und Dich anbete und spreche: Einer ist heilig, Einer ist der Herr Jesus Christus, zur Ehre Gottes, des Vaters. Amen.

PRIESTER: Weisheit.

CHOR: Es ist wahrhaft würdig und recht, dich selig zu preisen, Gottesgebärerin, allzeit selige und ganz unbefleckte Mutter unseres Herrn.

PRIESTER: Allheilige Gottesgebärerin, erlöse uns.

CHOR: Die du geehrter bist als die Cherubim und unvergleichlich herrlicher als die Seraphim, die du jungfräulich Gott, das Wort, geboren hast, in Wahrheit Gottesgebärerin, dich preisen wir hoch.

PRIESTER: Ehre sei Dir, Christus, Gott, unsere Hoffnung, Ehre sei Dir.

CHOR: Ehre sei dem Vater und dem Sohne und dem Heiligen Geiste jetzt und immerdar und in alle Ewigkeit. Amen.

Herr, erbarme Dich. dreimal

Gib den Segen.

PRIESTER:

Christus unser wahrer Gott, möge auf die Gebete seiner allerreinsten Mutter,der heiligen gott-tragenden Väter und aller Heiligen Sich unser erbarmen als der Gütige und Menschenliebende.

CHOR: Amen.

VESPER

(Liturgie des hl. Basilios d. Großen)

DIAKON: Segne, Gebieter.

PRIESTER: Gesegnet sei das Reich des Vaters und des Sohnes und des Heiligen Geistes jetzt und immerdar und in alle Ewigkeit.

CHOR: Amen.

LESER:

Ehre sei Dir, unser Gott, Ehre sei Dir.

Himmlischer König, Tröster, Du Geist der Wahrheit, allgegenwärtig und alles erfüllend, Hort der Güter und Lebenspender, komm, wohne in uns, reinige uns von jedem Makel und rette, Gütiger, unsere Seelen.

Heiliger Gott, heiliger Starker, heiliger Unsterblicher, erbarme Dich unser. dreimal

Ehre sei dem Vater und dem Sohne und dem Heiligen Geiste jetzt und immerdar und in alle Ewigkeit. Amen.

Allheilige Dreieinigkeit, erbarme Dich unser; reinige uns, o Herr, von unseren Sünden; vergib, o Gebieter, unsere Vergehen; suche heim unsere Schwächen, o Heiliger, und heile sie um Deines Namens willen.

Herr, erbarme Dich. dreimal

Ehre sei dem Vater und dem Sohne und dem Heiligen Geiste jetzt und immerdar und in alle Ewigkeit. Amen.

Vater unser, der Du bist in den Himmeln; geheiligt werde Dein Name; Dein Reich komme; Dein Wille geschehe wie im Himmel so auch auf Erden. Unser tägliches Brot gib uns heute; und vergib uns unsere Schuld, wie auch wir vergeben unseren Schuldigern; und führe uns nicht in Versuchung, sondern erlöse uns von dem Bösen.

PRIESTER: Denn Dein ist das Reich und die Kraft und die Herrlichkeit, des Vaters und des Sohnes und des Heiligen Geistes, jetzt und immerdar und in alle Ewigkeit.

LESER: Amen.

Herr, erbarme Dich. zwölfmal

Ehre sei dem Vater und dem Sohne und dem Heiligen Geiste jetzt und immerdar und in alle Ewigkeit. Amen.

Kommet, lasset uns anbeten Gott, unseren König.

Kommet, lasset uns anbeten und niederfallen vor Christus, Gott, unserem König.

Kommet, lasset uns anbeten und niederfallen vor Christus selbst, unserem König und Gott.

Psalm 103 Preise, meine Seele den Herrn, Herr, mein Gott, wie bist Du überaus groß! Gekleidet bist Du in Hoheit und Würde, wie ein Mantel umhüllt Dich das Licht. Den Himmel hast Du ausgespannt wie ein Zelt, Deine Wohnung errichtet über den Wassern. Die Wolken machest Du Dir zum Wagen, auf Sturmesfittichen fährst Du dahin. Zu Deinen Boten bestellst Du die Winde, zu Deinen Dienern das zündende Feuer. Fest gegründet auf Pfeiler hast Du die Erde, in allen Zeiten wird sie nicht wanken. Du hast sie umhüllt mit dem Kleid der Fluten, über den Bergen standen die Wasser. Sie wichen zurück vor Deinem drohenden Wort, erbebten vor Deiner donnernden Stimme. Sie stiegen die Berge hinauf, sie fielen hinab in die Täler: an die Stätte, die Du ihnen geschaffen. Eine Grenze hast Du ihnen gezogen, nimmer dürfen sie die überschreiten, nimmer überfluten die Erde. Du bist es, Der die Quellen ergießt in die Bäche, durch die Berge rauschen sie hin. Zu trinken geben sie allen Tieren des Feldes, durstige Wildesel schöpfen Hoffnung aus ihnen. Es wohnen an ihren Ufern die Vögel des Himmels, aus den Zweigen tönt ihre Stimme. Du tränkest aus Deinen Kammern die Berge, von der Frucht

Deines Himmels wird gesättigt das Land. Gras läßt Du sprossen dem Vieh, Gewächse, daß sie dem Menschen dienen. Daß er gewinne aus dem Boden das Brot und Wein, der das Herz ihm erfreut; daß er salbe sein Antlitz mit Öl, daß erstarke des Menschen Herz durch das Brot.

Auch die Bäume des Herrn, sie trinken sich satt, die Zedern des Libanon, die Er gepflanzet. Dort bauen ihre Nester die Vögel, in ihrem Wipfel horsten die Störche. Dem Steinbock gehören die Höhen der Berge, der Klippdachs ist geborgen im Felsgeklüft.

Du bist es, der geschaffen den Mond, daß er messe die Zeiten, die Sonne weiß ihren Untergang. Du bringst die Finsternis, und an bricht die Nacht, dann streifen umher die Tiere des Waldes. Nach Beute brüllen die Jungen des Löwen, sie fordern von Gott ihre Nahrung. Da erhebt sich die Sonne, und sie weichen zurück und bergen sich in den Höhlen.

Der Mensch geht aus, zu schaffen sein Werk, seine Arbeit bis an den Abend. Wie vielgestalt sind Deine Werke, o Herr! Alles hast Du geschaffen in Weisheit, erfüllt ist die Erde von Deinen Geschöpfen. Siehe, groß und weithin gebreitet das Meer, ohne Zahl darin das Gewimmel der Wesen, kleines und großes Getier. Dort ziehen Schiffe einher: dort wandeln Ungeheuer, der Leviatan, den Du geschaffen, im Meer sich zu tummeln. Alle Wesen warten auf Dich, daß Du Speise ihnen gebest zur rechten Zeit. Du spendest ihnen, und sie sammeln es ein, Du öffnest Deine Hand, und sie werden gesättigt mit Gutem. Verbirgst Du Dein Angesicht, so vergehn sie in Furcht; nimmst Du ihnen den Odem, so schwinden sie hin und werden wieder zu Staub.

Du sendest Deinen Geist aus, und sie werden geschaffen, und das Angesicht der Erde machest Du neu. Dem Herrn sei Ehre in Ewigkeit, es freue sich der Herr Seiner Werke. Er, Der hinblickt zur Erde, und sie erbebt, Der die Berge berührt, und sie rauchen, Dem Herrn will ich singen mein Leben lang, will Ihn preisen mit Psalmen, solange ich bin. Möge Ihm gefallen mein Lied; ja, am Herrn habe ich meine Freude. Daß doch schwinden von der Erde die Sünder, nimmer sollen Gottlose sein! Preise, meine Seele, den Herrn.

Die Sonne weiß ihren Untergang; Du schaffst Finsternis und es wird Nacht. O Herr, wie sind Deine Werke so groß, Du hast sie alle in Weisheit geschaffen.

Ehre sei dem Vater und dem Sohne und dem Heiligen Geiste jetzt und immerdar und in alle Ewigkeit. Amen.

Alleluja, alleluja, alleluja, Ehre sei Dir, o Gott. dreimal

PRIESTER oder DIAKON

In Frieden lasset uns zum Herrn beten!

CHOR: Herr, erbarme Dich.

Um den Frieden von oben und das Heil unserer Seelen lasset uns zum Herrn beten.

CHOR: Herr, erbarme Dich.

Um den Frieden der ganzen Welt, um den Wohlbestand der heiligen Kirchen Gottes und um die Einigung aller (Menschen) lasset uns zum Herrn beten.

CHOR: Herr, erbarme Dich.

Für dieses heilige Haus und für alle, die es mit Glauben, Ehrfurcht und Gottesfurcht betreten, lasset uns zum Herrn beten.

CHOR: Herr, erbarme Dich.

Für den rechtgläubigen Episkopat der Russischen Kirche, für unseren Herrn, den höchstgeweihten Metropoliten Vitalij, den Ersthierarchen der Russischen Auslandskirche, für unseren Herrn, den hochgeweihten Erzbischof Mark, für die ehrwürdige Priesterschaft, den Diakonat in Christus, für den gesamten geistlichen Stand und alles Volk lasset uns zum Herrn beten.

CHOR: Herr, erbarme Dich.

Für das leidgeprüfte russische Land und die orthodoxen Gläubigen, die in der Heimat und in der Zerstreuung leben, und für ihre Rettung lasset uns zum Herrn beten.

CHOR: Herr, erbarme Dich.

Für dieses Land, für die, die es regieren und es beschützen, lasset uns zum Herrn beten.

CHOR: Herr, erbarme Dich.

Für diese Stadt, für jede Stadt und jedes Land und für die Gläubigen, die darin leben, lasset uns zum Herrn beten.

CHOR: Herr, erbarme Dich.

Um Wohlbeschaffenheit der Luft, um reiches Gedeihen der Früchte der Erde und friedliche Zeiten lasset uns zum Herrn beten.

CHOR: Herr, erbarme Dich.

Für die Reisenden zu Wasser, zu Lande und in der Luft, für die Kranken und Leidenden, für die Gefangenen und um ihr Heil lasset uns zum Herrn beten.

CHOR: Herr, erbarme Dich.

Auf daß wir erlöst werden von aller Trübsal, Zorn, Gefahr und Not, lasset uns zum Herrn beten.

CHOR: Herr, erbarme Dich.

Stehe bei, errette, erbarme Dich und bewahre uns, o Gott, durch Deine Gnade.

CHOR: Herr, erbarme Dich.

Unserer allheiligen, allreinen, über alles gesegneten und ruhmreichen Gebieterin, der Gottesgebärerin und Immerjungfrau Maria, mit allen Heiligen eingedenk, lasset uns uns selbst und einander und unser ganzes Leben Christus, unserem Gott, befehlen.

CHOR: Dir, o Herr.

PRIESTER: Denn Dir gebührt aller Ruhm, Ehre und Anbetung, dem Vater und dem Sohne und dem Heiligen Geiste jetzt und immerdar und in alle Ewigkeit.

CHOR: Amen.

CHOR: Ton 8, Ps.140

Herr, ich rufe zu Dir, erhöre mich; erhöre mich, o Herr. Herr, ich rufe zu Dir, erhöre mich. Vernimm die Stimme meines Flehens, wenn ich zu Dir rufe, erhöre mich, o Herr.

Laß mein Gebet aufsteigen wie Weihrauch vor Dein Angesicht; das Erheben meiner Hände nimm als Abendopfer. Erhöre mich. o Herr.

LESER: Setze, o Herr, eine Wache meinem Munde und beschütze das Tor meiner Lippen. Laß mein Herz sich nicht neigen zu Worten der Bosheit, meine Sünden zu entschuldigen, wie die Menschen tun, die Böses verüben. Ich will nicht teilnehmen an dem, was sie erwählten. Der Gerechte mag mich strafen in Güte oder mich schelten; aber des Sünders Öl soll mein Haupt nicht salben. Denn stets bete ich, daß sie mir nicht schaden. Ihre Anführer sollen über Felsen stürzen und vernichtet werden. Wie man die Erdscholle aufreißt über dem Acker, werden ihre Gebeine hingestreut zur Unterwelt. Aber auf Dich, Herr, o Herr, schauen meine Augen; auf Dich hoffe ich. Nimm nicht hinweg mein Leben. Behüte mich vor der Schlinge, die sie mir gelegt, und vor den Fallstricken der Übeltäter. Die Gottlosen müssen in ihr eigenes Netz fallen; ich allein bleibe, bis ich hinübergehe.

Ps.141 Laut schreie ich zum Herrn, laut flehe ich zum Herrn. Ich schütte aus vor Seinem Angesicht mein Gebet und tue kund vor Ihm meine Drangsal. Wenn mein Geist in mir verzagt, kennst Du meine Wege. Auf dem Weg, worauf ich wandle, verbargen sie mir Schlingen. Ich blicke zur Rechten und schaue: niemand ist, der mich kennt. Verwehrt ist mir die Flucht, und keiner fragt nach mir. Ich rufe zu Dir, Herr, und

sage: Du bist meine Hoffnung, mein Teil im Lande der Lebendigen. Merk auf mein Gebet, denn ich bin sehr gedemütigt!
Errette mich vor meinen Verfolgern, denn sie sind mir zu
mächtig geworden! Führe aus dem Gefängnis meine Seele,
damit ich Deinen Namen bekenne. Die Gerechten warten
mein, bis Du mir vergiltst.

Ps.129, Ton 1 Aus der Tiefe rufe ich zu Dir, o Herr; * Herr,
höre meine Stimme.

Nimm an unsere Abendgebete, heiliger Herr, und gib uns
die Vergebung unserer Sünden, denn Du allein hast der Welt
die Auferstehung gezeigt.

Laß deine Ohren * merken auf mein lautes Flehen!

Ihr Völker, umgebt und umringt Sion, und gebt Ehre Dem
dort von den Toten Auferstandenen: denn Er ist unser Gott, der
uns von unseren Missetaten befreit hat.

Wenn Du die Sünden anrechnest, Herr, o Herr, wer kann
bestehen? * Doch bei Dir ist die Versöhnung.

Kommet, ihr Völker, und lasset uns in Hymnen besingen
und anbeten Christus, indem wir Seine Auferstehung von den
Toten verherrlichen. Denn Er Selbst ist unser Gott, der von
dem Truge des Feindes die Welt befreit hat.

Um Deines Namens willen harre ich auf Dich, o Herr. *
Meine Seele harret auf Dein Wort; es hofft meine Seele auf den
Herrn!

Durch Dein Leiden, Christus, wurden wir von den
Leiden befreit und durch Deine Auferstehung aus der Verwesung errettet; Herr, Ehre sei Dir.

Von der Morgenwache bis zur Nacht, von der Morgenwache an * hoffe Israel auf den Herrn.

Heute ruft stöhnend der Hades: Besser wäre mir gewe-
sen, ich hätte Den von Maria Geborenen nicht aufgenommen!

Denn, da Er zu mir kam, hat Er meine Macht gebrochen, die ehernen Tore zertrümmert; die von mir ehedem gefangengehaltenen als ewiger Gott auferweckt. Ehre sei, Herr, Deinem Kreuz und Deiner Auferstehung.

Denn beim Herrn ist Erbarmen und reichlich Erlösung.* Er selbst wird Israel erlösen aus allen seinen Sünden.

Heute ruft stöhnend der Hades: Besser ....

Ps.116 Lobet den Herrn alle Heiden,* preiset Ihn, ihr Völker alle.

Heute ruft stöhnend der Hades: Vernichtet ist meine Macht! Ich nahm den Toten wie einen der Gestorbenen auf; aber Diesen vermag ich nicht gefangen zu halten, vielmehr verliere ich die Toten, über die ich herrschte und die ich von Urzeit her besaß. Doch siehe, Dieser erweckt alle. Ehre sei, Herr, Deinem Kreuz und Deiner Auferstehung.

Denn mächtig waltet Sein Erbarmen über uns, * und die Wahrheit des Herrn bleibt ewiglich.

Heute ruft stöhnend der Hades: Aufgezehrt ist meine Macht. Der Hirte wurde gekreuzigt und erweckte den Adam. Über die ich herrschte, derer wurde ich beraubt; die ich verschlang, habe ich alle ausgespien. Leer gemacht hat die Gräber der Gekreuzigte. Schwach geworden ist die Macht des Todes. Ehre sei, o Herr, Deinem Kreuze und Deiner Auferstehung.

Ehre sei dem Vater und dem Sohne und dem Heiligen Geiste.

Ton 6 Auf den heutigen Tag wies geheimnisvoll der große Mose hin als er sprach: "Und es segnete Gott den siebenten Tag." Denn dies ist der gesegnete Sabbat, dies ist der Tag der Ruhe, an dem der einziggeborene Sohn Gottes von allen Seinen Werken ruhte: dem Heilsplan gemäß feierte Er nach Seinem Tode im Fleische die Sabbatruhe: Durch die Auferstehung kehrte Er zu dem zurück, was Er war, und als der allein Gütige und menschenliebende Gott schenkte Er uns allen das ewige Leben.

Jetzt und immerdar und in alle Ewigkeit. Amen.

Ton 1 Sie, den Ruhm der ganzen Welt, die aus den Menschen entsproß und den Gebieter gebar, lasset uns in Hymnen besingen, die himmlische Pforte, die Jungfrau Maria, den Lobgesang der Engel und die Zierde der Gläubigen. Als Himmel und Tempel der Gottheit erwies sie sich, riß die Zwischenmauer der Feindschaft nieder, brachte den Frieden und öffnete das Reich. In ihr als Anker des Glaubens haben wir Den aus ihr geborenen Herrn, Der für uns kämpft. Volk Gottes, sei daher mutig, sei getrost! Denn Er Selbst wird die Feinde besiegen, weil Er allmächtig ist!

D/PR: Weisheit. Stehet aufrecht.

KLEINER EINZUG

CHOR:

Du Mildes Licht Heiliger Herrlichkeit Des Unsterblichen Vaters, Des Himmlischen, Des Heiligen, Des Seligen: Jesus Christus. Zum Sinken der Sonne gekommen, schauen wir das Abendlicht und singen in Hymnen Gott, Dem Vater, und Dem Sohne und Dem Heiligen Geiste. Würdig bist Du, allezeit mit geziemenden Rufen gefeiert zu werden: Gottessohn, Lebenspender: Dich verherrlicht das All.

D/PR.: Lasset uns aufmerken.

PRIESTER: Friede allen.

D/PR.: Weisheit.

LESER: Lesung aus dem Buch Genesis [1]

D/PR: Lasset uns aufmerken.

LESER: Im Anfang schuf Gott den Himmel und die Erde. Die Erde aber war wüst und leer, und die Finsternis lag über dem Abgrund, und der Geist Gottes schwebte über den Wassern.Und Gott sprach: "Es werde Licht!" Und es ward

Licht. Gott sah, daß das Licht gut war, und Gott schied zwischen dem Licht und der Finsternis. Gott nannte das Licht Tag, und die Finsternis nannte Er Nacht. Es ward Abend, und es ward Morgen: erster Tag.

Nun sprach Gott: "Es werde ein Firmament inmitten der Wasser und scheide zwischen Wasser und Wasser!" Und es geschah so. Gott machte das Firmament, und Er schied zwischen den Wassern unterhalb des Firmamentes und den Wassern oberhalb des Firmamentes. Gott nannte das Firmament Himmel. Es ward Abend, und es ward Morgen: zweiter Tag.

Nun sprach Gott: "Es sammle sich das Wasser, das unter dem Himmel ist, zu einer Ansammlung, und es erscheine das trockene Land!" Und es gechah so. Gott nannte das trockene Land Erde, und die Ansammlung des Wassers nannte Er Meer. Und Gott sah, daß es gut war. Nun sprach Gott: "Es lasse grünen die Erde Grünes, Kraut, das Samen bringt, und Fruchtbäume, die Früchte auf Erden tragen nach ihrer Art, in denen ihr Same ist!" Und es geschah so. Die Erde brachte Grünes hervor, Kraut, das Samen bringt nach seiner Art, und Bäume, die Früchte tragen nach ihrer Art, in denen ihr Same ist. Und Gott sah, daß es gut war. Es ward Abend, und es ward Morgen: dritter Tag.

D/PR: Weisheit.

LESER: Lesung aus der Weissagung des Jesaja. [2]

D/PR: Lasset uns aufmerken.

LESER: Steh auf, Jerusalem, werde licht! Denn gekommen ist dein Licht, und die Herrlichkeit des Herrn strahlt über dir! Siehe, Finsternis bedeckt die Erde und Dunkelheit die Völker.

Doch über dir strahlt der Herr, über dir erscheint Seine Herrlichkeit. Völker ziehen zu deinem Licht und die Könige zu dem Glanze, der dich überstrahlt.

Laß deine Augen ringsum schweifen und siehe: Sie alle sammeln sich, um zu dir zu gehen. Deine Söhne kommen aus weiter Ferne, und deine Töchter trägt man auf den Armen. Da wirst du schauen und strahlen, dein Herz wird pochen und sich weiten; denn die Schätze des Meeres fluten zu dir hin, und es strömt zu dir der Reichtum der Völker. Eine Menge von Kamelen wird dich überfluten, Dromedare von Midian und Epha. Sie alle werden von Saba kommen und Gold und Weihrauch bringen und die Ruhmestaten des Herrn verkünden. Alle Herden Kedars sammeln sich bei dir, die Widder Nebajots stehen dir zu Diensten. Als wohlgefälliges Opfer kommen sie auf Meinen Altar; das Haus Meiner Herrlichkeit will Ich schmücken. Wer sind sie; die wie Wolken fliegen, wie Tauben nach ihren Schlägen? Ja, die Schiffe sammeln sich für Mich, voran die Schiffe von Tarsis (Tarschisch), um deine Söhne aus der Ferne heimzubringen, mit ihnen auch ihr Silber und ihr Gold für den Namen des Herrn, deines Gottes, und für den Heiligen Israels, Der dich verherrlicht. Dann bauen Fremde deine Mauern auf, und ihre Könige werden dich bedienen. Denn schlug Ich dich auch in Meinem Grimme, so erbarme Ich Mich nun deiner in Huld. Deine Tore werden immer offen stehen; man schließt sie nicht bei Tag und Nacht, um zu dir den Reichtum der Völker hineinzubringen und ihre Könige dir zuzuführen. Das Volk aber und das Reich, die dir nicht dienen wollen, werden untergehen, und diese Völker werden gänzlich ausgerottet. Die Pracht des Libanon wird zu dir kommen, Zypressen, Ulmen und Fichten zumal, um den Ort Meines Heiligtums zu zieren, die Stätte Meiner Füße zu ehren.

Und tief gebeugt werden die Söhne derer, die dich bedrückten, zu dir kommen; die dich schmähten, werden dir zu Füßen fallen. Sie werden dich nennen: Stadt des Herrn, Sion des Heiligen Israels.

Weil du verlassen warst, gehaßt und im Stiche gelassen, mache Ich dich zum ewigen Stolz, zur Freude von Geschlecht zu Geschlecht. Dann wirst du die Milch der Völker trinken und dich von dem Reichtum der Könige nähren; dann wirst du erkennen, daß Ich, der Herr, dein Retter bin, dein Erlöser, der Gott Israels (Jakobs).

D/PR: Weisheit.

LESER: Lesung aus dem Buch Exodus. [3]

D/PR: Lasset uns aufmerken.

LESER: Es sprach der Herr zu Mose und Aaron in Ägypten: "Dieser Monat soll euch der Anfangsmonat sein; er sei euch der erste Monat des Jahres. Verkündet der ganzen Gemeinde Israels: Am Zehnten dieses Monats verschaffe sich jeder ein Lamm für eine Familie, ein Lamm für jedes Haus. Wenn aber eine Familie zu klein ist für ein ganzes Lamm, so nehme er eins zusammen mit seinem nächsten Nachbarn nach der Zahl der Personen. Nach dem, was jeder ißt, so viele sollt ihr auf ein Lamm zählen. Ein fehlerloses, männliches, einjähriges Lamm soll es für euch sein; aus den Schafen oder den Ziegen sollt ihr es nehmen. Bis zum vierzehnten Tag des Monats sollt ihr es verwahren. Dann soll es die ganze Versammlung der Gemeinde Israels zwischen beiden Abenden schlachten. Von dem Blute aber sollen sie nehmen und an die beiden Türpfosten und an die Oberschwelle der Häuser streichen, in denen sie es verzehren. Das Fleisch sollen sie in der gleichen Nacht verzehren, am Feuer gebraten; mit ungesäuertem Brot und bitteren Kräutern sollen sie es essen. Ihr dürft nichts davon roh oder in Wasser gekocht, sondern nur am Feuer gebraten verzehren, den Kopf zusammenhängend mit den Beinen und mit den inneren Teilen. Ihr dürft nichts davon bis zum nächsten Morgen übriglassen; was davon bis zum Morgen übrigbleibt, sollt ihr im Feuer verbrennen. So sollt ihr es essen: eure Hüften gegürtet, eure Schuhe an euren Füßen und euren Stab in euren Händen. Ihr sollt es in Eile essen: ein Pascha ist es für den Herrn.

D/PR: Weisheit.

LESER: Lesung aus dem Buch des Propheten Jona.[4]

D/PR: Lasset uns aufmerken.

LESER: Es erging das Wort des Herrn an Jona, den Sohn des Amittai, also: "Auf, gehe nach Ninive, der großen Stadt, und predige ihr, denn ihre Bosheit ist zu Mir gedrungen." Aber Jona machte sich auf, um vor Gott nach (Tarsis) Tarschisch zu fliehen. Er ging nach Japho hinab und fand ein Schiff, das nach Tarschisch (Tarsis) fuhr, und er bezahlte das Fahrgeld und stieg ein, um mit ihnen nach Tarschisch zu fahren, fort von dem Angesicht des Herrn.Der Herr aber warf einen starken Wind auf das Meer, und es entstand ein gewaltiger Sturm, so daß das Schiff nahe daran war, zu scheitern. Da fürchteten sich die Schiffer und schrien, ein jeder zu seinem Gott; und sie warfen die Gegenstände, die im Schiffe waren, ins Meer, um das Schiff zu erleichtern. Jona aber war in den untersten Teil des Schiffes hinabgestiegen, hatte sich schlafen gelegt und war eingeschlafen. Da ging der Kapitän zu ihm und sprach zu ihm: "Was schläfst du? Steh auf und rufe zu deinem Gott! Vielleicht wird der Gott unser gedenken, daß wir nicht umkommen." Und sie sprachen einer zum anderen: "Wohlan, wir wollen das Los werfen, um zu erfahren, wer schuld ist, daß dieses Unglück uns getroffen hat." Und sie warfen das Los, und das Los fiel auf Jona. Und sie sagten zu ihm: "Sag uns doch, was du für ein Geschäft betreibst, woher du kommst und welchem Volke du angehörst." Da sagte er zu ihnen: "Ich bin ein Hebräer und verehre den Herrn, den Gott des Himmels, der das Meer und das Festland gemacht hat." Da fürchteten sich die Männer sehr und sagten: "Warum hast du das getan?" Denn die Männer wußten, daß er vor dem Herrn geflohen war, er hatte es ihnen selbst erzählt. Da sagten sie zu ihm: "Was sollen wir mit dir anfangen, damit das Meer sich beruhigt und von uns ablasse?" Denn das Meer wurde immer stürmischer. Er antwortete ihnen: "Nehmt mich und werft mich ins Meer, damit das Meer sich beruhige und von euch ablasse, denn ich weiß, daß um meinetwillen dieser große Sturm über euch gekommen ist." Und die Männer legten sich in die Ruder, um ans Land zu kommen, aber sie vermochten es nicht, denn das Meer stürmte immer mächtiger gegen sie an. Da riefen sie zum Herrn und sprachen: "Ach, Herr, laß uns doch nicht zugrunde gehen wegen des Lebens dieses Mannes da und bringe nicht unschuldiges Blut über uns, denn Du, Herr, hast, wie es Dir gefiel, getan." Und sie nahmen Jona und warfen ihn ins Meer, und das Meer ließ ab von seinem Toben. Da fürchteten sich die Männer sehr vor dem Herrn, und sie brachten dem Herrn ein Opfer dar und machten Gelübde.

Da bestellte der Herr ein Meeresungetüm (einen Fisch), damit es Jona verschlinge, und Jona war drei Tage und drei Nächte im Bauche des Fisches. Und Jona betete zum Herrn, seinem Gott, aus dem Bauche des Fisches und sprach: "Ich rief aus meiner Not zum Herrn, und Er erhörte mich; aus dem Schoß des Hades (Scheols - Totenreich) schrie ich empor, Du hörtest meine Stimme. Du warfst mich in die Tiefe, mitten in das Meer, die Fluten umgaben mich. Alle Deine Wogen und Wellen gingen über mich dahin. Da sagte ich mir: Ich bin verstoßen von Dir. Wie werde ich je wieder schauen Deinen heiligen Tempel? Die Wasser stiegen mir bis an die Kehle, es umfing mich die Flut, Schilf wand sich um mein Haupt an der Wurzel der Berge. Hinabgestiegen war ich zur Unterwelt, zu den Völkern von einst. Aber Du zogst aus der Grube mein Leben, Herr, mein Gott. Als meine Seele in mir verschmachtete, da gedachte ich des Herrn. Mein Gebet drang bis zu Dir in Deinen heiligen Tempel. Die da nichtige Götzen verehren, verzichten auf ihr Glück. Ich aber will mit lautem Dank Dir Opfer bringen. Was ich gelobt, will ich erfüllen. Die Hilfe kommt von dem Herrn." Und der Herr gebot dem Fisch, und er spie Jona aufs Land.

Es erging das Wort des Herrn an Jona zum zweiten Male also: "Steh auf und gehe nach Ninive, der großen Stadt, und halte ihr eine Predigt, die ich dir auftragen werde." Und Jona mache sich auf und ging nach Ninive, wie der Herr ihm aufgetragen hatte. Ninive aber war eine große Stadt vor Gott, drei

Tage brauchte man, um sie zu durchwandern. Jona ging eine Tagesreise weit in die Stadt hinein und predigte und sprach: "Noch vierzig Tage, und Ninive wird zerstört werden." Die Männer von Ninive aber glaubten Gott und riefen ein Fasten aus und zogen Bußgewänder an, groß und klein. Und die Kunde davon drang bis zum König von Ninive, und er erhob sich von seinem Thron, legte seinen Mantel ab, hüllte sich in einen Sack und setzte sich in die Asche. Und er ließ in Ninive ausrufen und gebot: "Auf Befehl des Königs und seiner Großen! Menschen und Tiere, Rinder und Schafe sollen nicht das Geringste genießen, nicht auf die Weide gehen und kein Wasser trinken! Man soll sich vielmehr in einen Sack hüllen, und sie sollen mit Macht zu Gott rufen, und ein jeder soll sich bekehren von seinem bösen Tun und von dem Unrecht, das an seinen Händen ist! Vielleicht daß Gott es sich wieder gereuen läßt und von seinem Zorn abläßt, daß wir nicht zugrunde gehen." Als nun Gott sah, was sie taten, daß sie von ihrem bösen Tun sich abkehrten, da reute Ihn das Böse, das Er ihnen zu tun angedroht hatte, und Er tat es nicht.

Das verdroß Jona gar sehr, und er wurde zornig. Und er betete zum Herrn und sprach: "Ach, Herr, habe ich das nicht gesagt, als ich noch in meiner Heimat war? Deshalb wollte ich Dir zuvorkommen und nach (Tarsis) Tarschisch fliehen, denn ich wußte, daß Du ein gerechter und barmherziger Gott bist, langsam zum Zorn und reich an Gnade, und daß Dich das Böse gereut. Und nun, Herr, nimm doch mein Leben von mir, denn es ist besser, ich sterbe, als daß ich am Leben bleibe." Da sprach der Herr: "Ist es wohl recht, daß du zornig bist?" Und Jona ging zur Stadt hinaus und ließ sich im Osten der Stadt nieder, machte sich daselbst eine Hütte und saß in deren Schatten, um zu sehen, was mit der Stadt geschehen würde. Und Gott, der Herr, bestimmte eine Rizinusstaude, daß sie über Jona emporwachse, Schatten gebe seinem Haupt, um ihn von seinem Unmut zu befreien. Und Jona freute sich sehr über den Rizinusstrauch. Am anderen Morgen aber, als die Morgenröte

emporstieg, da entbot Gott einen Wurm, der stach die Rizinusstaude, und sie verdorrte. Als nun die Sonne aufging, bestellte
Gott einen glühenden Ostwind, und die Sonne stach Jona auf
den Kopf, daß er ganz ermattete, sich den Tod wünschte und
sprach: "Es ist besser, ich sterbe, als daß ich am Leben bleibe."
Da sprach Gott zu Jona: "Ist es wohl recht, daß du zürnest
wegen der Rizinusstaude?" Da erwiderte er: "Mit Recht bin ich
erzürnt und möchte sterben." Da sprach der Herr: "Du hast
Mitleid mit dem Rizinusstrauch, um den du dich nicht gemüht
hast und den du nicht herangezogen hast, der in einer Nacht
heranwuchs und in einer Nacht verging. Und Ich sollte nicht
Mitleid haben mit Ninive, der großen Stadt, in der mehr als
hundertzwanzigtausend Menschen leben, die nicht zwischen
rechts und links unterscheiden können, und soviel Vieh?"

D/PR: Weisheit.

LESER: Lesung aus dem Buch Josua. [5]

D/PR: Lasset uns aufmerken.

LESER: Die Israeliten lagerten nun in Gilgal, und dort
feierten sie das Pascha am vierzehnten Tage des Monats,
abends, in Jerichos Ebene. Sie aßen vom Ertrag des Landes am
Tag nach dem Pascha, ungesäuertes Brot und geröstetes Ge-
treide am gleichen Tag. Von da an hörte das Manna auf, als sie
vom Ertrag des Landes aßen. Die Israeliten hatten kein Manna
mehr, und von diesem Jahre an ernährten sie sich vom Ertrag
des Landes Kanaan.

Als sich Josua bei Jericho aufhielt, erhob er die Augen
und sah einen Mann, der vor ihm stand, ein gezücktes Schwert
in der Hand. Josua ging auf ihn zu und sprach zu ihm: "Gehörst
du zu uns oder zu unseren Feinden?" Er antwortete: "Nein, ich
bin der Führer über das Heer des Herrn, und jetzt bin ich gekommen." Da fiel Josua auf sein Antlitz zur Erde nieder, hul-
digte ihm und sprach: "Was befiehlt mein Herr seinem
Knecht?" Der Führer über das Heer des Herrn antwortete dem

Josua: "Zieh deine Schuhe von deinen Füßen, denn der Ort, auf dem du stehst, ist heilig." Und Josua tat so.

D/PR: Weisheit.

LESER: Lesung aus dem Buch Exodus. [6]

D/PR: Lasset uns aufmerken.

LESER: Die Söhne Israels brachen nun von Sukkot auf und lagerten in Etam am Rande der Wüste. Der Herr zog vor ihnen her, bei Tag in einer Wolkensäule, um ihnen den Weg zu zeigen, bei Nacht in einer Feuersäule, um ihnen zu leuchten, damit sie bei Tag und Nacht wandern könnten. Nicht wich die Wolkensäule bei Tag und die Feuersäule bei Nacht von der Spitze des Volkes.

Der Herr sprach zu Mose: "Befiehl den Israeliten, umzukehren und sich vor Pi-Hachirot zwischen Migdol und dem Meer zu lagern. Baal-Zephon gegenüber sollt ihr euch am Meere lagern. Der Pharao wird von den Israeliten denken: Sie haben sich im Land verirrt, die Wüste hat sie umschlossen. Ich werde das Herz des Pharao verhärten, so daß er ihnen nachsetzt. Dann will Ich mich an dem Pharao und an seinem ganzen Heer verherrlichen. Die Ägypter sollen erfahren, daß Ich der Herr bin." Sie taten so.

Als dem König von Ägypten gemeldet wurde, daß das Volk entwichen sei, änderte sich die Stimmung des Pharao und seiner Diener gegen das Volk. Sie sagten: "Was haben wir da gemacht, daß wir die Israeliten aus unserem Dienst entließen!" Er ließ seinen Wagen anspannen und nahm sein Kriegsvolk mit sich. Er nahm sechshundert auserlesene Streitwagen und alle anderen Streitwagen der Ägypter und die Hauptleute über das ganze Heer. Der Herr verhärtete das Herz des Pharao, des Königs von Ägypten, so daß er den Israeliten nachsetzte, während sie unter dem Schutz einer erhobener Hand auszogen. So setzten die Ägypter ihnen nach und erreichten sie, als sie am Meere (bei Pi-Hachirot) gegenüber von Baal-Zephon lagerten,

alle Rosse des Pharao, alle seine Wagen und Reiter und sein
Heer. Als der Pharao herankam, schauten die Israeliten auf und
sahen, daß die Ägypter ihnen nachgezogen waren. Da erschraken die Israeliten sehr und schrien laut zum Herrn. Und
sie sagten zu Mose: "Gab es in Ägypten keine Gräber, daß du
uns fortgeführt hast, damit wir in der Wüste sterben? Was hast
du uns angetan, daß du uns aus Ägypten herausgeführt hast?
Haben wir dir dies nicht schon in Ägypten gesagt: Laß uns in
Ruhe! Wir wollen den Ägyptern dienen! Denn es wäre besser
für uns, den Ägyptern zu dienen, als in der Wüste zu sterben."
Mose aber sprach zu dem Volk: "Fürchtet euch nicht! Stehet
fest, und ihr werdet die Hilfe des Herrn sehen, die Er euch
heute bringen wird. Denn so wie ihr heute die Ägypter seht,
sollt ihr sie in Ewigkeit nicht wieder sehen. Der Herr wird für
euch streiten, ihr aber werdet euch still verhalten."

Der Herr sprach zu Mose: "Warum schreist du zu Mir?
Befiehl den Israeliten aufzubrechen. Du aber erhebe deinen
Stab und strecke deine Hand über das Meer aus und spalte es!
Die Israeliten sollen mitten durch das Meer auf trockenem
Boden gehen können. Ich aber werde das Herz des Pharao ver-
härten, so daß er ihnen nachsetzen wird. Dann will Ich Mich an
dem Pharao und an seinem ganzen Heer, an seinen Wagen und
Reitern verherrlichen. Die Ägypter sollen erfahren, daß Ich der
Herr bin, wenn Ich Mich an dem Pharao, an seinen Wagen und
Reitern verherrliche!"

Da veränderte der Engel Gottes, der dem Heer der Is-
raeliten vorauszog, seinen Platz und trat hinter sie. Auch die
Wolkensäule vor ihnen wechselte ihren Platz und trat hinter
sie, so daß sie zwischen das Heer der Ägypter und das Lager
der Israeliten zu stehen kam. Die Wolke blieb dunkel, und die
Nacht verstrich, ohne daß sich die Heere während der ganzen
Nacht einander nähern konnten. Nun streckte Mose seine
Hand über das Meer aus. Der Herr ließ die ganze Nacht das
Meer vor einem starken Ostwind zurückweichen und legte das

Meer trocken. Die Wasser spalteten sich, und die Israeliten zogen auf trockenem Boden mitten durch das Meer, während die Wasser zu ihrer Rechten und Linken wie eine Mauer standen. Die Ägypter aber setzten ihnen nach, und alle Rosse des Pharao, seine Wagen und Reiter zogen hinter ihnen her mitten in das Meer hinein. Zur Zeit der Morgenwache schaute der Herr in der Feuer- und Wolkensäule auf das Heer der Ägypter und brachte das Heer der Ägypter in Verwirrung. Er hemmte die Räder ihrer Wagen, so daß sie nur mühsam vorwärtskamen. Da riefen die Ägypter: "Laßt uns vor den Israeliten fliehen, denn der Herr kämpft für sie gegen die Ägypter!" Nun sprach der Herr zu Mose: "Strecke deine Hand über das Meer aus, damit die Wasser auf die Ägypter, auf ihre Wagen und Reiter zurückfluten." Mose streckte seine Hand über das Meer aus. Da fluteten die Wasser bei Tagesanbruch zu ihrem alten Ort zurück, während die Ägypter ihnen entgegenflohen. So stürzte der Herr die Ägypter mitten in das Meer hinein. Die Wasser fluteten zurück und bedeckten die Wagen und Reiter des ganzen Heeres des Pharao, die hinter ihnen in das Meer gezogen waren. Nicht einer von ihnen blieb am Leben. Die Israeliten dagegen waren auf trockenem Boden durch das Meer hindurchgegangen, während die Wasser wie eine Mauer zu ihrer Rechten und Linken standen. So rettete der Herr an jenem Tage die Israeliten aus der Gewalt der Ägypter. Die Israeliten sahen die Ägypter tot am Meeresufer liegen. Als die Israeliten die große Wundertat sahen, die der Herr an den Ägyptern gewirkt hatte, fürchtete das Volk den Herrn und vertraute auf den Herrn und auf Mose, Seinen Knecht.

Damals sang Mose mit den Söhnen Israels dieses Lied zu Ehren des Herrn, und sie sagten:

LESER: Lasset uns singen dem Herrn.

CHOR: Denn herrlich hat Er Sich verherrlicht.

LESER: Roß und Reiter stürzte Er in das Meer.

Lasset uns singen dem Herrn.

CHOR: Denn herrlich hat Er Sich verherrlicht.

Mein Helfer und meine Zuflucht ist der Herr, Er war mir zur Rettung.

Lasset uns singen dem Herrn.

CHOR: Denn herrlich hat Er Sich verherrlicht.

Er ist mein Gott, Ihn will ich preisen; der Gott meines Vaters, Ihn will ich rühmen.

Lasset uns singen dem Herrn.

CHOR: Denn herrlich hat Er Sich verherrlicht.

Der Herr ist ein Kriegsheld: Herr ist Sein Name, die Wagen des Pharao und seine Streitmacht warf Er ins Meer.

Lasset uns singen dem Herrn.

CHOR: Denn herrlich hat Er Sich verherrlicht.

Seine besten Streiter versanken im Schilfmeer (Roten Meer).

Lasset uns singen dem Herrn.

CHOR: Denn herrlich hat Er Sich verherrlicht.

Die Wogen bedeckten sie; sie fuhren zur Tiefe wie Steine.

Lasset uns singen dem Herrn.

CHOR: Denn herrlich hat Er Sich verherrlicht.

Deine rechte Hand, Herr, hat sich verherrlicht in Kraft.

Lasset uns singen dem Herrn.

CHOR: Denn herrlich hat Er Sich verherrlicht.

Deine rechte Hand, Herr, hat niedergeschmettert die Feinde, und in der Fülle Deiner Kraft hast Du zermalmt die Feinde.

Lasset uns singen dem Herrn.

CHOR: Denn herrlich hat Er Sich verherrlicht.

Du entfesselst Deinen Grimm, er verzehrt sie wie Stoppeln. Und beim Schnauben Deines Zornes türmten sich die Wasser hoch.

Lasset uns singen dem Herrn.

CHOR: Denn herrlich hat Er Sich verherrlicht.

Die Wasser stellten sich auf wie eine Wand, die Wogen erstarrten mitten im Meer.

Lasset uns singen dem Herrn.

CHOR: Denn herrlich hat Er Sich verherrlicht.

Es sprach der Feind: "Ich jage nach, einholen will ich, Beute verteilen! Meine Seele will ich stillen an ihnen, zücken mein Schwert, vertilgen soll sie meine Hand."

Lasset uns singen dem Herrn.

CHOR: Denn herrlich hat Er Sich verherrlicht.

Da bliesest Du mit Deinem Odem darein, und es bedeckte sie das Meer. Sie versanken wie Blei in den gewaltigen Fluten.

Lasset uns singen dem Herrn.

CHOR: Denn herrlich hat Er Sich verherrlicht.

Wer ist wie Du unter den Göttern, Herr? Wer ist wie Du, in Heiligkeit strahlend, furchtbar an Ruhmestaten, Wunder vollbringend!

Lasset uns singen dem Herrn.

CHOR: Denn herrlich hat Er Sich verherrlicht.

Deine Rechte hast Du ausgestreckt, da verschlang sie die Erde. Du führtest in Deiner Huld das Volk, das Du befreit hast.

Lasset uns singen dem Herrn.

CHOR: Denn herrlich hat Er Sich verherrlicht.

Du hast es machtvoll geführt zu Deiner heiligen Wohnstatt. Die Völker hörten es, und sie erbebten; Schmerzen ergriffen die Bewohner des Philisterlandes.

Lasset uns singen dem Herrn.

CHOR: Denn herrlich hat Er Sich verherrlicht.

Damals erschraken die Fürsten von Edom, Angst erfaßte die Gewaltigen von Moab. Es zagten alle Bewohner von Kanaan.

Lasset uns singen dem Herrn.

CHOR: Denn herrlich hat Er Sich verherrlicht.

Es komme Furcht und Schrecken über sie, ob der Kraft Deines Armes sollen sie erstarren wie ein Stein.

Lasset uns singen dem Herrn.

CHOR: Denn herrlich hat Er Sich verherrlicht.

So zog Dein Volk hindurch, Herr, so zog hindurch das Volk, das Du erworben hast.

Lasset uns singen dem Herrn.

CHOR: Denn herrlich hat Er Sich verherrlicht.

Du brachtest sie hinein und pflanztest sie ein auf den Berg, der Dein Erbbesitz, an die Stätte, die Du, Herr, zur Wohnung Dir bereitet, das Heiligtum, Herr, das Deine Hände gebaut.

Lasset uns singen dem Herrn.

CHOR: Denn herrlich hat Er Sich verherrlicht.

Der Herr ist König auf immer und ewig. Als die Rosse des Pharao, seine Wagen und Reiter in das Meer hineinkamen, da ließ der Herr die Wasser auf sie zurückfluten.

Lasset uns singen dem Herrn.

CHOR: Denn herrlich hat Er Sich verherrlicht.

Die Söhne Israels aber waren im Trockenen mitten durch das Meer gezogen.

Lasset uns singen dem Herrn.

CHOR: Denn herrlich hat Er Sich verherrlicht.

Ehre sei dem Vater und dem Sohne und dem Heiligen Geiste.

Lasset uns singen dem Herrn.

CHOR: Denn herrlich hat Er Sich verherrlicht.

Jetzt und immerdar und in alle Ewigkeit. Amen.

Lasset uns singen dem Herrn.

LESER: (alleine oder Chor)

Denn herrlich hat Er Sich verherrlicht.

D/PR: Weisheit.

LESER: Lesung aus der Weissagung des Propheten Zephanja (Sophonia). [7]

D/PR: Lasset uns aufmerken.

LESER: Dies spricht der Herr: Wartet auf Mich, auf den Tag, da Ich als Kläger auftrete; denn Ich habe beschlossen, die Völker zu versammeln, Königreiche zusammenzubringen, um über euch Meinen Grimm auszuschütten, die ganze Glut Meines Zornes.

Denn alsdann will Ich den Völkern reine Lippen schaffen, daß sie alle den Namen des Herrn anrufen und Ihm im selben Joch dienen. Von jenseits der Ströme von Kusch werden Meine Anbeter Mir Opfergaben bringen. An jenem Tage brauchst du dich nicht mehr zu schämen all deiner Taten, womit du dich gegen Mich vergangen hast, denn dann werde Ich fortschaffen aus deiner Mitte deine stolzen Prahler, und nicht mehr wirst du übermütig sein auf Meinem heiligen Berge. Ich werde übriglassen in deiner Mitte ein Volk demütig und gering, und bergen wird es sich im Namen des Herrn, – Israels Rest. Sie werden kein Unrecht mehr tun, nicht mehr Lüge reden, und in ihrem Munde wird keine trügerische Zunge mehr gefunden werden. Sie werden vielmehr weiden und sich lagern, und niemand wird sie stören.

Frohlocke, Tochter Sion, jauchze, Israel, freue dich und juble von ganzem Herzen, Tochter Jerusalem! Aufgehoben hat der Herr deine Strafgerichte, fortgeschafft deine Feinde. Der Herr ist Israels König in deiner Mitte, nicht brauchst du mehr Unheil zu fürchten.

D/PR: Weisheit.

LESER: Lesung aus dem dritten Buch der Königs-herrschaften. [8]

D/PR: Lasset uns aufmerken.

LESER: Es erging das Wort des Herrn an Elija: "Mach dich auf und geh nach Zarephta, das zu Sidon gehört, und bleibe dort! Siehe, Ich habe dort einer Witwe geboten, dich zu versorgen." Da machte er sich auf und ging nach Zarephta; und als er zum Stadttor kam, da war dort eine Witwe gerade daran, Holz zu sammeln. Er rief sie an und sprach: "Hole mir doch in einem Krug ein wenig Wasser, daß ich trinke." Als sie hinging, es zu holen, rief er ihr nach: "Bring mir doch auch einen Bissen Brot mit." Da erwiderte sie: "So wahr der Herr, dein Gott, lebt, ich habe nichts Gebackenes, sondern nur noch eine Handvoll Mehl im Topf und ein bißchen Öl im Krug. Eben bin ich daran, ein paar Stücke Holz zu sammeln, dann will ich hingehen und es für mich und meinen Sohn zubereiten, damit wir es essen und dann sterben." Elija aber antwortete ihr: "Fürchte dich nicht! Geh hin, tue, wie du gesagt hast; nur mache mir davon zuerst einen kleinen Fladen und bring ihn mir heraus; für dich aber und deinen Sohn mache hernach einen! Denn so spricht der Herr, der Gott Israels: Der Mehltopf soll nicht leer werden und der Ölkrug nicht versiegen bis zu dem Tag, da der Herr Regen fallen läßt auf den Erdboden."

Da ging sie hin und tat, wie Elija gesagt hatte. Und sie hatten zu essen, sie und ihr Sohn. Der Mehltopf wurde nicht leer, und der Ölkrug versiegte nicht nach dem Worte des Herrn, das Er durch Elija gesprochen hatte. Nach diesen

Ereignissen begab es sich, daß der Sohn der Frau, der das Haus
gehörte, erkrankte, und seine Krankheit verschlimmerte sich
so sehr, daß kein Lebensodem in ihm verblieb. Da sagte sie zu
Elija: "Was habe ich mit dir zu schaffen, du Gottesmann? Du
bist wohl zu mir gekommen, um meine Verschuldung in Er-
innerung zu bringen und meinen Sohn zu töten?" Er antwortete
ihr: "Gib mir deinen Sohn!" Dann nahm er ihn von ihrem
Schoß, trug ihn in das Obergemach, wo er wohnte, und legte
ihn dort auf sein Bett. Dann rief er zu dem Herrn: "Herr, mein
Gott, willst du wirklich die Witwe, bei der ich wohne, ins Unglück bringen, indem Du ihren Sohn tötest?" Darauf streckte
er sich dreimal über den Knaben hin und rief zu dem Herrn:
"Herr, mein Gott! Laß doch die Seele dieses Knaben in ihn zurückkehren!" Und der Herr erhörte das Rufen des Elija und
ließ die Seele des Knaben in ihn zurückkehren, so daß er
wieder lebendig wurde. Dann nahm Elija den Knaben, brachte
ihn vom Obergemach hinunter ins Haus, übergab ihn seiner
Mutter und sagte: "Siehe, dein Sohn lebt!" Die Frau aber
sprach zu Elija: "Nun weiß ich, daß du ein Gottesmann bist
und daß des Herrn Wort in deinem Munde Wahrheit ist."

D/PR: Weisheit.

LESER: Lesung aus der Weissagung des Jesaja. [9]

D/PR: Lasset uns aufmerken.

LESER: Freuen möge sich meine Seele in dem Herrn:
denn Er hat mich mit den Gewändern des Heils bekleidet und
umhüllt mit dem Mantel der Gerechtigkeit wie einen Bräutigam, der sich den Kopfschmuck aufsetzt, wie eine Braut, die
sich schmückt mit ihrem Geschmeide. Denn wie die Erde Gewächse hervorbringt und wie im Garten sproßt die Saat, so läßt
Gott, der Herr, Gerechtigkeit sprossen und Ruhm vor allen
Völkern.

Um Sions willen darf ich nicht schweigen, Jerusalems
wegen nicht ruhen, bis wie Lichtglanz seine Gerechtigkeit her-

vorbricht und sein Heil brennt wie eine Fackel. Dann werden die Völker Deine Gerechtigkeit schauen und alle Könige deine Herrlichkeit, und man wird dich mit einem neuen Namen nennen, den der Mund des Herrn bestimmen wird. Du wirst eine prachtvolle Krone in der Hand des Herrn sein, ein königliches Diadem in der Hand deines Gottes. Man wird dich nicht länger mehr "Verlassene" nennen und dein Land nicht mehr "Preisgegeben", sondern man wird dich "Meine Lust an Dir" heißen und dein Land "Vermählte". Wird doch der Herr an dir wieder Gefallen haben, und dein Land wird wiederum vermählt. Denn wie der Jüngling die Jungfrau freit, so werden deine Söhne mit dir zusammenwohnen; wie der Bräutigam sich der Braut freut, so wird dein Gott sich deiner freuen.

D/PR:　　　Weisheit.

LESER:　　　Lesung aus dem Buch Genesis. (10)

D/PR:　　　Lasset uns aufmerken.

LESER Es geschah nach diesen Begebenheiten, da wollte Gott den Abraham prüfen, und Er sprach zu ihm: "Abraham, Abraham!" Er antwortete: "Hier bin ich!" Da sprach Er: "Nimm deinen Sohn, deinen einzigen, den du liebhast, den Isaak, und gehe in das Land Morija und bringe ihn dort auf einem Berge, den Ich dir sagen werde, als Brandopfer dar!"

Abraham stand früh am anderen Morgen auf, sattelte seinen Esel, nahm zwei Knechte mit sich und seinen Sohn Isaak. Nachdem er Holz zum Brandopfer gespalten hatte, brach er auf und begab sich nach dem Ort, den ihm Gott gesagt hatte. Am dritten Tag erhob Abraham seine Augen und sah den Ort von ferne. Da sagte Abraham zu den Knechten: "Bleibt mit dem Esel hier! Ich und der Junge wollen dorthin gehen, um anzubeten, dann kehren wir zu euch zurück."

Darauf nahm Abraham das Holz zum Brandopfer und lud es seinem Sohne Isaak auf; er aber nahm das Feuer und das Messer in seine Hand. So gingen sie beide miteinander. Da sprach Isaak zu Abraham, seinem Vater: "Mein Vater!" Er antwortete: "Mein Sohn!" Der sagte: "Siehe, da ist das Feuer und das Holz, wo ist denn das Lamm zum Brandopfer?" Abraham erwiderte: "Gott wird sich das Lamm zum Brandopfer schon ersehen, mein Sohn." So gingen sie beide miteinander. Als sie an den Ort kamen, den Gott ihm gesagt hatte, baute Abraham den Altar, schichtete das Holz, band seinen Sohn und legte ihn auf den Altar, oben auf das Holz. Dann streckte Abraham seine Hand aus, nahm das Messer, um seinen Sohn zu schlachten.

Da rief der Engel des Herrn vom Himmel her ihm zu und sprach: "Abraham, Abraham!" Er antwortete: "Hier bin ich!" Da sprach er: "Strecke deine Hand nicht nach dem Jungen aus und tu ihm nichts zuleide. Denn nun weiß ich, daß du Gott fürchtest und mir deinen einzigen Sohn nicht vorenthalten hast!" Als Abraham seine Augen erhob, sah er einen Widder, der sich mit seinen Hörnern im Dickicht verfangen hatte. Abraham ging hin, nahm den Widder und brachte ihn an Stelle seines Sohnes zum Brandopfer dar. Abraham nannte diesen Ort:" Der Herr sieht ", so daß man bis zum heutigen Tage sagt: "Auf dem Berge, wo der Herr vorsieht".

Darauf rief der Engel des Herrn Abraham zum zweiten Male vom Himmel her zu und sprach: "Ich schwöre bei mir selbst, - Spruch des Herrn -, weil du dies getan und deinen einzigen Sohn mir nicht vorenthalten hast, will Ich dich reichlich segnen. Ich werde deine Nachkommenschaft zahlreich machen wie die Sterne des Himmels und wie den Sand am Gestade des Meeres; deine Nachkommen sollen das Tor ihrer Feinde besetzen. Durch deine Nachkommen sollen alle Völker der Erde gesegnet werden, weil du auf Meine Stimme gehört hast."

D/PR: Weisheit.

LESER: Lesung aus der Weissagung des Jesaja. [11]

D/PR: Lasset uns aufmerken.

LESER: Der Geist des Herrn ruht auf mir; denn der Herr hat mich gesalbt. Er hat mich gesandt, den Armen die Frohbotschaft zu bringen, zu heilen, die gebrochenen Herzens sind; den Gefangenen Befreiung und den Gefesselten Erlösung anzukündigen, auszurufen ein Jahr der Gnade vor dem Herrn, einen Tag der Rache für unseren Gott; alle Betrübten zu trösten und ihnen die Asche mit dem Diadem, das Trauerkleid mit Freudenöl und den verzagten Geist mit Festgesang zu vertauschen. Man wird sie "Terebinthen der Gerechtigkeit" nennen, eine "Pflanzung des Herrn" zu Seiner Verherrlichung. Sie werden uralte Trümmer wieder aufbauen, wieder aufrichten, was schon vor Zeiten verwüstet lag; verödete Städte werden sie erneuern, die viele Geschlechter hindurch in Trümmern lagen.

Dann stehen Fremde da und weiden eure Herden, Ausländer sind eure Ackersleute und eure Winzer. Ihr aber werdet genannt: Priester des Herrn; ihr werdet heißen: Diener unseres Gottes. Den Reichtum der Völker werdet ihr genießen, und mit ihren Schätzen werdet ihr euch schmücken. Weil zweifach ihre Schande, weil Schmähung und Bespeiung ihr Anteil war, werden sie ein zweifaches Erbe in ihrem Land erhalten, ewige Freude wird ihnen zuteil. Denn Ich, der Herr, liebe das Recht und hasse frevlerischen Raub. Ich gebe in Treue ihren Lohn und schließe einen ewigen Bund mit ihnen. Ihre Nachkommen werden unter den Völkern bekannt werden und ihre Enkel unter den Völkern. Alle, die sie sehen, werden anerkennen, daß sie ein Geschlecht sind, das der Herr gesegnet hat, und in Freude werden sie sich freuen des Herrn.

D/PR: Weisheit.

LESER: Lesung aus dem vierten Buch der Königsherrschaften. [12]

D/PR: Lasset uns aufmerken.

LESER: Es begab sich eines Tages, daß Elischa (Elisäa) nach Sunem hinüberging. Daselbst wohnte eine vornehme Frau; die nötigte ihn zu Tisch, und jedesmal, wenn er vor-

überkam, kehrte er dort zum Essen ein. Da sagte sie zu ihrem
Manne: "Siehe, ich weiß, daß es ein heiliger Gottesmann ist,
der immer bei uns einkehrt. Wir wollen ihm ein kleines, ge-
mauertes Obergemach herrichten und ihm ein Bett, einen
Tisch, einen Stuhl und einen Leuchter hineinstellen, dann mag
er, sooft er zu uns kommt, dort einkehren." Nun geschah es
eines Tages, daß er dorthin kam, in dem Obergemach einkehrte
und sich daselbst schlafen legte. Dann sagte er seinem Diener
Gechasi: "Rufe unsere Sunemitin!" Er rief sie, und sie trat vor
ihn (Gechasi) hin. Auch befahl er ihm: "Sage ihr doch: Du hast
unseretwegen dir alle Sorge gemacht; was kann man für dich
tun? Kann man beim König ein Wort für dich einlegen oder
beim Heerführer?" Sie erwiderte: "Ich wohne inmitten meiner
Sippe." Er fragte weiter: "Aber was könnte man für sie tun?"
Gechasi antwortete: "Ach, sie hat keinen Sohn, und ihr Mann
ist alt." Nun befahl er: "Rufe sie." Er rief sie, und sie trat in die
Tür. Da sagte er: "Übers Jahr um diese Zeit wirst du einen
Sohn liebkosen." Sie erwiderte: "Ach nein, mein Herr, mache
deiner Magd nichts vor!" Und die Frau ward guter Hoffnung
und gebar einen Sohn um die Zeit, die Elischa ihr genannt
hatte.

Als der Knabe groß geworden war, begab es sich, daß er
eines Tages zu seinem Vater hinausging zu den Schnittern. Da
sagte er zu seinem Vater: "Mein Kopf, mein Kopf!" Der befahl
einem Knecht: "Trag ihn zu seiner Mutter." Er nahm ihn und
trug ihn zu seiner Mutter. Bis zum Mittag lag er auf ihrem
Schoß, dann starb er. Da ging sie hinauf und legte ihn auf das
Bett des Gottesmannes, schloß die Tür hinter ihm zu und ging
hinaus. Hierauf rief sie ihren Mann und sagte: "Schicke mir
doch einen von den Knechten und eine Eselin! Ich will zu dem
Gottesmann gehen und bald zurückkommen." Er fragte:
"Warum willst du heute zu ihm gehen, da doch weder Neu-
mond noch Sabbat ist?" Sie aber sagte: "Laß nur!" Dann sattelte sie die Eselin und befahl dem Knecht: "Treibe nur rasch

voran und halte mich im Reiten nicht auf, bis ich es dir sage!"
So zog sie hin und kam zu dem Gottesmann auf dem Berge
Karmel. Als der Gottesmann sie von fern erblickte, sagte er zu
seinem Diener Gechasi: "Das ist unsere Sunemitin! Auf, eile
ihr entgegen und frage sie: Geht es dir gut? Geht es deinem
Manne gut? Geht es dem Jungen gut?" Sie antwortete:
"Jawohl!" Sobald sie aber zu dem Gottesmann auf dem Berg
herangekommen war, umfaßte sie seine Füße. Da trat Gechasi
hinzu, um sie zurückzustoßen. Der Gottesmann aber sagte:
"Laß sie; denn ihre Seele ist betrübt, aber der Herr hat es mir
verborgen und es mir nicht kundgetan." Da sagte sie: "Habe
ich etwa von meinem Herrn einen Sohn erbeten? Habe ich
nicht vielmehr gesagt: Mache mir keine trügerischen Hoff-
nungen."

Nun sagte er zu Gechasi: "Gürte deine Hüften, nimm
meinen Stab in deine Hand und gehe hin; wenn du einem be-
gegnest, so grüße ihn nicht, und wenn dich einer grüßt, so
danke ihm nicht; dann lege meinen Stab dem Knaben aufs Gesicht." Die Mutter des Knaben aber sprach: "So wahr der Herr
lebt und so wahr du lebst, ich lasse dich nicht!" Da machte er
sich auf und folgte ihr. Gechasi aber war ihnen vor-
ausgegangen und hatte den Stab auf das Gesicht des Knaben
gelegt; doch da war kein Laut und kein Lebenszeichen. Dann
kehrte er um, ihm entgegen, und meldete ihm: "Der Knabe ist
nicht aufgewacht." Als dann Elischa in das Haus kam, siehe da
lag der Knabe tot auf seinem Bett. Er ging hinein, schloß die
Tür hinter ihnen beiden zu und betete zum Herrn. Dann stieg er
hinauf und legte sich über den Knaben, wobei er seinen Mund
auf dessen Mund, seine Augen auf dessen Augen, seine Hände
auf dessen Hände tat. Und indem er sich so über ihn beugte,
wurde der Körper des Knaben warm. Dann stand er wieder auf
und ging im Zimmer auf und ab, worauf er wieder hinaufstieg
und sich siebenmal über ihn beugte. Da nieste der Knabe und
schlug seine Augen auf. Nun rief er Gechasi und sagte: "Hole

unsere Sunemitin!" Er rief sie; und sie kam zu ihm. Da sagte
er: "Nimm deinen Sohn!" Sie trat heran, warf sich ihm zu
Füßen und verneigte sich bis zum Boden. Dann nahm sie ihren
Sohn und ging hinaus.

D/PR: Weisheit.

LESER: Lesung aus der Weissagung des Jesaja.[13]

D/PR: Lasset uns aufmerken.

LESER: Dies spricht der Herr: Wo ist der, der den Hirten
seiner Herde aus dem Meer herausholte? Wo ist der, der in
dessen Inneres seinen heiligen Geist legte, der seinen herrlichen Arm zur Rechten des Mose gehen ließ, der vor ihnen die
Wasser spaltete, um sich einen ewigen Namen zu machen, der
sie durch die Wasserflut schreiten ließ, so leicht wie ein Roß
durch die Steppe? Sie strauchelten nicht mehr, so wie das Vieh
hinabsteigt ins Tal. Der Geist des Herrn führte sie zur Ruhe. So
hast Du Dein Volk geleitet, um Dir einen ruhmvollen Namen
zu machen.

Blicke vom Himmel herab und schaue hernieder von
Deiner heiligen und herrlichen Wohnung ! Wo ist Dein Eifer
und deine Macht, das Beben deines Inneren? Verschließe Dich
nicht dem Erbarmen, denn Du bist unser Vater! Abraham weiß
ja nicht um uns, und Israel kennt uns nicht. Der Du bist unser
Vater, "unser Erlöser" ist von alters her Dein Name. Warum, o
Herr, hast Du uns von Deinen Wegen abirren lassen und unser
Herz verhärtet, daß es Dich nicht mehr fürchtet? Wende Dich
wieder zu uns um Deiner Knechte willen, der Stämme Deines
Erbes! Warum sind Gottlose in Dein Heiligtum eingedrungen,
warum haben unsere Feinde Dein Heiligtum zertreten? Es ist
uns, als hättest Du nie seit alter Zeit über uns geherrscht, als
wären wir nie nach Deinem Namen genannt worden. O, daß
Du die Himmel zerrissest und herabstiegest - vor Deinem Angesicht würden die Berge erbeben, wie Feuer Reisig ent-
zündet, Feuer Wasser in Wallung bringt - (wie das Wachs vor

dem Angesicht des Feuers schmilzt, und das Feuer die Feinde verbrennt) - um Deinen Namen Deinen Feinden kundzutun und die Völker vor deinem Angesicht erzittern zu lassen, indem Du Wundertaten vollbringst, die keiner erwartet und von denen seit Urzeit niemand gehört hat.

Von der Urzeit an haben wir nicht gehört, noch sahen unsere Augen einen Gott außer Dir, und Deine Werke, mit denen Du tatest an den Übriggebliebenen Gnade. Denn Gnade wird begegnen den Übriggebliebenen und denen, die Recht tun, und sie werden Deiner Wege gedenken.

D/PR: Weisheit.

LESER: Lesung aus der Weissagung des Jeremija.[14]

D/PR: Lasset uns aufmerken.

LESER: So spricht der Herr: "Siehe, es kommen Tage, da werde Ich mit dem Hause Israel und dem Hause Juda einen neuen Bund schließen. Nicht wie der Bund, den Ich mit ihren Vätern geschlossen habe, damals, als Ich sie bei der Hand nahm und aus dem Lande Ägypten herausführte, diesen Bund, Meinen Bund: sie haben ihn gebrochen, obwohl Ich ihr Herr war, spricht der Herr. Sondern das ist der Bund, den Ich mit dem Hause Israel nach jenen Tagen schließen werde, spricht der Herr: Ich werde Mein Gesetz in ihr Inneres legen und ihnen ins Herz hinein schreiben, und Ich werde ihr Gott sein, und sie werden Mein Volk sein.

Dann brauchen sie sich nicht mehr gegenseitig zu belehren und einer zum anderen zu sagen: "Erkennet den Herrn!", sondern sie werden Mich alle erkennen, klein und groß, spricht der Herr. Denn Ich vergebe ihre Schuld und denke nicht mehr an ihre Sünden."

D/PR: Weisheit.

LESER: Lesung aus der Weissagung des Daniel. [15]

D/PR: Lasset uns aufmerken.

LESER: Im achtzehnten Jahr ließ der König Nebukadnezar (Nabuchodonosor) ein goldenes Standbild machen; dessen Höhe betrug sechzig Ellen, die Breite sechs Ellen; er stellte es in der Ebene von Dura (Deera) auf, im Gebiete von Babel (Babylon). Dann sandte der König Nebukadnezar Boten aus, um die Satrapen, Statthalter, Gouverneure, Richter, Rechtsgelehrten und alle Beamten der Provinzen zusammenzurufen, daß sie zur Einweihung des Standbildes kämen, das der König Nebukadnezar errichtet hatte. Daraufhin versammelten sich die Satrapen, Statthalter, Gouverneure, die Räte, Schatzmeister, Richter, Rechtsgelehrten und alle Beamten der Provinzen zur Einweihung des Standbildes, das der König Nebukadnezar errichtet hatte; sie nahmen vor dem von Nebukadnezar errichteten Bilde Aufstellung. Der Herold verkündete mit mächtiger Stimme: "Ihr Völker, Nationen und Sprachen! Euch wird befohlen: Sobald ihr Trompeten, Pfeifen und Zithern, die Harfen und Psalterien, den Dudelsack und alle übrigen Instrumente erklingen hört, so habt ihr euch niederzuwerfen und das goldene Standbild anzubeten, das der König Nebukadnezar errichtet hat. Wer sich nicht niederwirft und anbetet, wird noch zur selben Stunde in einen brennenden Ofen geworfen." Sobald demgemäß alle Völker die Trompeten, Pfeifen und Zithern, die Harfen und Psalterien, den Dudelsack und alle übrigen Instrumente erklingen hörten, da warfen sich alle Völker, Nationen und Sprachen augenblicklich nieder und beteten das goldene Bild an, das der König Nebukadnezar errichtet hatte.

Indessen eilten chaldäische Männer herbei und zeigten die Juden an. Sie sagten zum König Nebukadnezar: "O König! mögest du ewig leben! Du, o König, hast doch den Befehl erlassen: Wer immer die Trompeten, Pfeifen und Zithern, die Harfen und Psalterien, den Dudelsack und alle übrigen Instrumente erklingen höre, der habe sich niederzuwerfen und das goldene Bild anzubeten. Und wer nicht niederfalle und anbete, der werde in einen brennenden Feuerofen geworfen. Da gibt es nun gewisse jüdische Männer, die du mit der

Verwaltung des Gebietes von Babel betraut hast, Sidrach, Misach und Abdenago (Schadrach, Meschach, Abed - Nego). Jene Männer kümmern sich nicht um deinen Willen, o König; deine Götter verehren sie nicht, und das goldene Bild, das du errichtet hast, beten sie nicht an." Da befahl Nebukadnezar in Zorn und Wut, Sidrach, Misach und Abdenago vorzuführen. Da wurden jene Männer vor den König gebracht. Der König fragte sie und sprach: "Ist es wahr, Sidrach, Misach und Abdenago, daß ihr meine Götter nicht verehrt und das goldene Bild, das ich errichtet habe, nicht anbetet? Nun, seid ihr jetzt bereit, sobald ihr die Trompeten, Pfeifen und Zithern, die Harfen und Psalterien, den Dudelsack und die übrigen Instrumente erklingen hört, euch niederzuwerfen und das Bild anzubeten, das ich gemacht habe? Wenn ihr es aber nicht anbetet, so werdet ihr noch zur selben Stunde in den brennenden Feuerofen geworfen, und wer ist dann der Gott, der euch aus meiner Hand erretten kann?" Sidrach, Misach und Abdenago gaben dem König Nebukadnezar folgende Antwort: "O König! Wir haben es nicht nötig, dir auf dieses Ansinnen Bescheid zu geben. Wenn unser Gott, Den wir verehren, die Macht hat, uns aus dem brennenden Feuerofen und aus deiner Hand, o König, zu erretten, wird er uns auch erretten. Wenn er es aber nicht tut, so sei dir, o König, erklärt, daß wir deine Götter auch dann nicht verehren und das goldene Standbild, das du errichtet hast, nicht anbeten." Daraufhin ward Nebukadnezar wegen Sidrach, Misach und Abdenago von Zorn erfüllt, und sein Angesicht verfärbte sich; er gab Befehl, den Ofen siebenmal stärker zu heizen, als er in der Regel geheizt wurde. Und den stärksten Männern seines Heeres befahl er, Sidrach, Misach und Abdenago zu binden und in den brennenden Feuerofen zu werfen. Da wurden jene Männer mit ihren Mänteln, Röcken, Mützen gebunden und in den brennenden Feuerofen geworfen. Weil aber der Befehl des Königs so rücksichtslos und der Ofen übermäßig geheizt war, so tötete die Feuerflamme jene Männer, welche Sidrach, Misach und Abdenago hineinwerfen mußten. Diese drei Männer nun, Sidrach, Misach und Abdenago, fielen gebunden mitten in den Feuerofen. Und sie wandelten in den Flammen umher; sie sangen Gott Lob und priesen den Herrn. Da blieb Asarja stehen und betete, er tat seinen Mund auf inmitten des Feuers und sprach also:

"Gepriesen und gelobt bist Du, o Herr, du Gott unserer Väter, und herrlich ist Dein Name in alle Ewigkeit. Du bist ja gerecht in allem, was Du uns getan; trefflich sind Deine Werke und gerade Deine Wege; all Deine Urteile sind Wahrheit. Das Gericht, das Du gehalten, ist gerecht in allem, was Du verhängt hast über uns und über die heilige Stadt Jerusalem, die Stadt unserer Väter; denn in gerechter Entscheidung hast Du dies alles wegen unserer Sünden über uns verhängt.

Ja, wir haben gesündigt, haben Dein Gesetz übertreten durch Abfall von Dir; wir haben bis zum äußersten gefrevelt und uns um Deine Gebote nicht gekümmert. Weder unser Gewissen noch unsere Taten haben wir nach dem gerichtet, was Du uns geboten, auf daß es uns wohlergehe. Alles also, was Du über uns verhängt, und alles, was Du uns getan, das tatest Du im wahrhaften Gericht.

Du gabst uns preis den Händen gottloser Feinde und gehässiger Verräter und einem ungerechten König, dem übelsten der ganzen Welt. Wir dürfen jetzt nicht einmal den Mund auftun; Schande und Schmach ward Deinen Dienern und Deinen Verehrern zuteil. Verstoße uns, bitte, um Deines Namens willen nicht für immer, und löse Deinen Bund nicht auf!

Versage uns Dein Erbarmen nicht, um Deines Freundes Abraham, um Deines Knechtes Isaak und Deines heiligen Israel willen. Ihnen hast Du ja die Verheißung gegeben, Du wolltest ihre Kinder so zahlreich machen wie des Himmels Sterne und wie den Sand am Gestade des Meeres. Ach, Herr, wir sind kleiner geworden als alle anderen Völker; wir sind heute in der ganzen Welt gedemütigt wegen unserer Sünden.

Es gibt zu dieser Zeit keinen Fürsten, keinen Propheten, keinen Anführer; es gibt weder Brand- noch Schlachtopfer, weder Speiseopfer noch Räucherwerk; nicht einmal einen Platz, wo wir vor Dir die ersten Früchte niederlegen und Dein Erbarmen finden könnten. Aber laß uns auch nur mit zerknirschtem Herzen und demütigem Sinn bei Dir Aufnahme finden, genauso als kämen wir mit Brandopfern von Widdern und Stieren und Tausenden fetter Lämmer. Solcherart gelange heute unser Opfer vor Dein Angesicht und entsühne Deine Anhänger; denn die auf Dich vertrauen, werden nicht zuschanden.

Von nun an wollen wir von ganzem Herzen Dir folgen, Dich fürchten und Dein Angesicht suchen. O laß uns nicht zuschanden werden, sondern verfahre mit uns nach Deiner Milde und nach der Fülle Deines Erbarmens. Errette uns entsprechend Deinen früheren Wundertaten und verschaffe Deinem Namen Ruhm, o Herr!

Beschämt sollen alle werden, die Deinen Dienern Übles tun; sie sollen zuschanden werden, aller Herrschaft entkleidet, und ihre Stärke soll zerschlagen werden! Sie mögen erkennen, daß Du der einzige Herr Gott bist und ruhmreich auf der ganzen Erde."

Die Knechte des Königs, die sie (die drei Jünglinge) hineingeworfen hatten, schürten aber den Ofen mit Harz und Werg, mit Pech und Reisig unablässig weiter. Da schlugen die Flammen bis zu neunundvierzig Ellen hoch aus dem Ofen heraus; sie griffen um sich und verbrannten die Chaldäer, die sie rings um den Ofen antrafen. Aber ein Engel des Herrn war zugleich mit Asarja und seinen Gefährten in den Ofen hinabgestiegen; er schlug die Feuerflamme zu dem Ofen hinaus und machte das Innere des Ofens so kühl wie taufrischen Wind. So kam das Feuer überhaupt nicht an sie und versehrte und belästigte sie nicht. Da priesen und rühmten und lobten die drei wie aus einem Munde Gott und sprachen im Ofen:

"Gepriesen bist Du, Herr, Du Gott unserer Väter; lobwürdig und hocherhaben in Ewigkeit.

Gepriesen ist Deiner Herrlichkeit heiliger Name; lobwürdig und hocherhaben in Ewigkeit.

Gepriesen bist Du in Deiner Herrlichkeit heiligem Tempel; lobwürdig und hocherhaben in Ewigkeit. Gepriesen bist Du auf dem heiligen Thron Deines Reiches; lobwürdig und hocherhaben in alle Ewigkeit.

Gepriesen, der Du niederschaust in der Abgründe Tiefen; der Du thronest über den Cherubim; lobwürdig und hocherhaben in Ewigkeit.

Gepriesen bist Du in der Feste des Himmels; lobwürdig und hocherhaben in Ewigkeit."

CHOR: Den Herrn preiset und erhebet Ihn hoch in alle Ewigkeit.

LESER:

Lobet, alle Werke des Herrn.

CHOR: Den Herrn preiset und erhebet Ihn hoch in alle Ewigkeit.

Lobet, ihr Engel des Herrn.

CHOR: Den Herrn preiset und erhebet...

Lobet, ihr Himmel.

CHOR: Den Herrn preiset und erhebet...

Lobet, alle Wasser über den Himmeln.

CHOR: Den Herrn preiset und erhebet...

Lobet, ihr Himmelskräfte des Herrn.

CHOR: Den Herrn preiset und erhebet...

Lobet, Sonne und Mond.

CHOR: Den Herrn preiset und erhebet...

Lobet, Gestirne des Himmels.

CHOR: Den Herrn preiset und erhebet....

Lobet, Regen und Tau.

CHOR: Den Herrn preiset und erhebet...

Lobet, alle Winde.

CHOR: Den Herrn preiset und erhebet...

Lobet, Feuer und Hitze.

CHOR: Den Herrn preiset und erhebet...

Lobet, Kälte und Glutwind.

CHOR: Den Herrn preiset und erhebet...

Lobet, Tau und Reif.

CHOR: Den Herrn preiset und erhebet...

Lobet, Nächte und Tage.

CHOR: Den Herrn preiset und erhebet...

Lobet, Licht und Dunkel.

CHOR: Den Herrn preiset und erhebet...

Lobet, Eis und Starre.

CHOR: Den Herrn preiset und erhebet....

Lobet, Reif und Schnee.

CHOR: Den Herrn preiset und erhebet...

Lobet, Blitze und Wolken.

CHOR: Den Herrn preiset und erhebet...

Lobe, Erde.

CHOR: Den Herrn preiset und erhebet...

Lobet, Berge und Hügel.

CHOR: Den Herrn preiset und erhebet...

Lobet, alles, was auf der Erde wächst.

CHOR: Den Herrn preiset und erhebet ...

Lobet, ihr Quellen.

CHOR: Den Herrn preiset und erhebet...

Lobet, ihr Meere und Flüsse.

CHOR: Den Herrn preiset und erhebet...

Lobet, Seetiere und alles, was im Wasser wimmelt.

CHOR: Den Herrn preiset und erhebet...

Lobet, alle Vögel des Himmels.

CHOR: Den Herrn preiset und erhebet ...

Lobet, alles Wild und Vieh.

CHOR: Den Herrn preiset und erhebet...

Lobet, ihr Menschenkinder.

CHOR: Den Herrn preiset und erhebet...

Es preise Israel.

CHOR: Den Herrn preiset und erhebet...

Lobet, ihr Priester des Herrn.

CHOR: Den Herrn preiset und erhebet...

Lobet, ihr Knechte des Herrn.

CHOR: Den Herrn preiset und erhebet...

Lobet, Geister und Seelen der Gerechten.

CHOR: Den Herrn preiset und erhebet...

Lobet, Fromme und im Herzen Demutsvolle

CHOR: Den Herrn preiset und erhebet ...

Lobet, Ananias, Azarias und Misael.

CHOR: Den Herrn preiset und erhebet...

Lobet, Apostel, Propheten und Märtyrer des Herrn.

CHOR: Den Herrn preiset und erhebet ....

Lasset uns preisen den Vater und den Sohn und den Heiligen Geist.

CHOR: Wir preisen und erheben Ihn hoch in alle Ewigkeit.

Jetzt und immerdar und in alle Ewigkeit: Amen.

CHOR: Den Herrn preiset und erhebet Ihn hoch in alle Ewigkeit.

Lasset uns den Herrn loben und preisen und anbeten.

CHOR: Indem wir Ihn besingen und erheben in alle Ewigkeit.

DIAKON/PRIESTER:

Wieder und wieder lasset uns in Frieden zum Herrn beten.

CHOR: Herr, erbarme Dich.

Stehe bei, errette, erbarme Dich und bewahre uns, o Gott, durch Deine Gnade.

CHOR: Herr, erbarme Dich.

Unserer allheiligen, allreinen, über alles gesegneten und ruhmreichen Gebieterin, der Gottesgebärerin und Immerjungfrau Maria mit allen Heiligen eingedenk, lasset uns uns selbst und unser ganzes Leben Christus, unserem Gott, befehlen.

CHOR: Dir, o Herr.

PRIESTER: Denn Du bist heilig, unser Gott, und Dir senden wir Verherrlichung empor, dem Vater und dem Sohne und dem heiligen Geiste, jetzt und immerdar und in alle Ewigkeit.

CHOR: Amen.

CHOR:

Alle, die ihr auf Christus getauft seid, habt Christus angezogen, Alleluja. dreimal

Ehre sei dem Vater und dem Sohne und dem Heiligen Geiste, jetzt und Immerdar und in alle Ewigkeit. Amen.

Habt Christus angezogen, Alleluja.

Alle, die ihr auf Christus getauft seid, habt Christus angezogen, Alleluja.

D/PR: Lasset uns aufmerken.

PRIESTER: Friede allen.

LESER: Und deinem Geiste.

D/PR: Weisheit.

LESER: Prokimenon. Ps.65, Ton 5

Alle Erde bete Dich an und singe Dein Lob, Deinen Namen soll sie besingen.

CHOR: Alle Erde bete Dich an und singe Dein Lob, Deinen Namen soll sie besingen.

Jauchzet Gott zu, alle Lande, singet den Ruhm Seines Namens.

CHOR: Alle Erde bete Dich an und singe Dein Lob, Deinen Namen soll sie besingen.

Alle Erde bete Dich an und singe Dein Lob,

CHOR: Deinen Namen soll sie besingen.

D/PR: Weisheit.

LESER: Lesung aus dem Brief des hl. Apostels Paulus an die Römer. [16]

D/PR: Lasset uns aufmerken.

LESER: Brüder, alle, die wir in Christus Jesus getauft sind, sind auf Seinen Tod hin getauft. Wir sind also durch die Taufe auf Seinen Tod mit Ihm begraben, damit, wie Christus durch die Herrlichkeit des Vaters von den Toten auferweckt wurde, so auch wir in einem neuen Leben wandeln. Denn wenn wir mit dem Bilde Seines Todes zusammengewachsen sind, so werden wir es erst recht auch mit dem Bilde der Auferstehung sein. Wir wissen ja, daß unser alter Mensch mitgekreuzigt worden ist, damit der Leib der Sünde vernichtet würde, auf daß wir nicht mehr der Sünde dienten. Denn wer gestorben ist, der ist von der Sünde frei geworden.

Sind wir aber mit Christus gestorben, so glauben wir, daß wir auch mit Ihm leben werden. Wir wissen ja, daß Christus, nachdem Er von den Toten auferweckt ist, nicht mehr stirbt; der Tod hat keine Gewalt mehr über Ihn. Denn mit Seinem Sterben ist Er der Sünde gestorben ein für allemal, mit Seinem Leben aber lebt Er für Gott. So müßt auch ihr euch als solche betrachten, die für die Sünde tot sind, für Gott aber in Jesus Christus leben.

PRIESTER: Friede dir, der du gelesen hast.

LESER: Und deinem Geiste.

PRIESTER: Weisheit.

LESER: Kehrvers. Ps.81, Ton 7

Erhebe Dich, Gott! Richte die Erde! Denn Du wirst ein Erbteil haben unter allen Völkern.

CHOR: Erhebe Dich, Gott! Richte die Erde! Denn Du wirst ein Erbteil haben unter allen Völkern.

Gott steht auf in der Gottesversammlung; inmitten der Götter hält Er Gericht.

CHOR: Erhebe Dich, Gott! Richte die Erde! Denn Du wirst ein Erbteil haben unter allen Völkern.

Wie lange noch werdet ihr richten zu Unrecht! wie lange zu Willen sein der Gottlosen Sache?

CHOR: Erhebe Dich, Gott! Richte die Erde! Denn Du wirst ein Erbteil haben unter allen Völkern.

Schaffet Recht dem Armen und dem Waisen, dem Elenden und dem Geringeren verhelft zu Recht!

CHOR: Erhebe Dich, Gott! Richte die Erde! Denn Du wirst ein Erbteil haben unter allen Völkern.

Errettet den Geringen und Armen, befreit ihn aus der Gewalt der Frevler!

CHOR: Erhebe Dich, Gott! Richte die Erde! Denn Du wirst ein Erbteil haben unter allen Völkern.

Doch sie erkannten es nicht und erfaßten es nicht; in Finsternis gehen sie einher. Mögen alle Grundfesten der Erde wanken.

CHOR: Erhebe Dich, Gott! Richte die Erde! Denn Du wirst ein Erbteil haben unter allen Völkern.

Wohl sprach ich: "Götter seid ihr geheißen und Söhne des Höchsten alle. Dennoch wie Menschen sollt ihr sterben und fallen wie irgendeiner der Fürsten."

CHOR: Erhebe Dich, Gott! Richte die Erde! Denn Du wirst ein Erbteil haben unter allen Völkern.

Erhebe Dich, Gott! Richte die Erde! Denn Du wirst ein Erbteil haben unter allen Völkern.

CHOR: Erhebe Dich, Gott! Richte die Erde! Denn Du wirst ein Erbteil haben unter allen Völkern.

D/PR: Weisheit. Stehet aufrecht. Lasset uns hören das heilige Evangelium.

PR: Friede allen.

CHOR: Und deinem Geiste.

PR: Lesung aus dem heiligen Evangelium nach Matthäus. [17]

CHOR: Ehre sei Dir, o Herr, Ehre sei Dir.

D/PR: Lasset uns aufmerken.

PRIESTER:

Als der Sabbat aber vorüber war und das Licht des ersten Wochentages anbrach, kamen Maria von Magdala und die andere Maria, um nach dem Grab zu schauen. Und siehe, es entstand ein großes Erdbeben. Denn ein Engel des Herrn stieg vom Himmel herab, trat herzu, wälzte den Stein weg und setzte sich darauf. Sein Aussehen war wie der Blitz und sein Gewand weiß wie Schnee. Aus Furcht vor ihm erbebten die Wächter und waren wie tot. Der Engel jedoch begann und sprach zu den Frauen: "Fürchtet euch nicht! Ich weiß, ihr sucht

Jesus, den Gekreuzigten. Er ist nicht hier; denn Er ist auferweckt worden, wie Er gesagt hat. Kommt und sehet den Ort, wo Er gelegen hat. Und geht eilends hin und sagt Seinen Jüngern: 'Er ist von den Toten auferstanden. Und siehe, Er geht euch voran nach Galiläa. Dort werdet ihr Ihn sehen!' Siehe, Ich habe es euch gesagt." Da gingen sie eilig weg vom Grabe, voll Furcht und großer Freude, und liefen, um es Seinen Jüngern zu verkündigen.

Und siehe, Jesus kam ihnen entgegen und sprach: "Freude euch." Sie aber traten hinzu, umfaßten Seine Füße und warfen sich vor Ihm nieder. Da sprach Jesus zu ihnen:" Fürchtet euch nicht! Geht hin und verkündet Meinen Brüdern, sie sollen nach Galiläa gehen, dort werden sie Mich sehen."

Während sie aber weggingen, da kamen einige von der Wache in die Stadt und meldeten den Hohenpriestern alles, was sich zugetragen hatte. Da versammelten sie sich mit den Ältesten, hielten Rat und gaben den Soldaten reichlich Geld mit der Weisung: "Sagt: 'Seine Jünger sind in der Nacht gekommen und haben Ihn gestohlen, während wir schliefen.' Und wenn das dem Statthalter zu Ohren kommt, werden wir ihn beschwichtigen und dafür sorgen, daß ihr nichts zu befürchten habt." Die aber nahmen das Geld und taten, wie man sie angewiesen hatte. Und dieses Gerede verbreitete sich unter den Juden bis auf den heutigen Tag.

Die elf Jünger aber gingen nach Galiläa auf den Berg, wohin Jesus sie beschieden hatte. Und als sie Ihn sahen, warfen sie sich vor Ihm nieder, einige aber zweifelten. Da trat Jesus zu ihnen, redete sie an und sprach: "Mir ist alle Gewalt gegeben im Himmel und auf Erden. Darum gehet hin und machet alle Völker zu Jüngern und taufet sie auf den Namen des Vaters und des Sohnes und des Heiligen Geistes und lehret sie alles halten, was Ich euch aufgetragen habe. Und siehe, Ich bin bei euch alle Tage bis ans Ende der Welt. Amen."

CHOR: Ehre sei Dir, o Herr, Ehre sei Dir.

DIAKON/PRIESTER:

Lasset uns alle sprechen aus ganzem Herzen und ganzem Geiste, lasset uns sagen:

CHOR: Herr, erbarme Dich.

Herr, Allherrscher, Du Gott unserer Väter, wir bitten Dich, erhöre uns und erbarme Dich.

CHOR: Herr, erbarme Dich.

Erbarme Dich unser, o Gott, nach Deiner großen Barmherzigkeit, wir bitten Dich, erhöre uns und erbarme Dich.

CHOR: Herr, erbarme Dich. dreimal

Wir beten auch für für den rechtgläubigen Episkopat der Russischen Kirche, für unseren Herrn, den höchstgeweihten Metropoliten Vitalij, den Ersthierarchen der Russischen Auslandskirche, für unseren Herrn, den hochgeweihten Erzbischof Mark, und für alle unsere Brüder in Christus.

CHOR: Herr, erbarme Dich. dreimal

Wir beten auch für das leidgeprüfte russische Land und die orthodoxen Gläubigen, die in der Heimat und in der Zerstreuung leben, und für ihre Rettung.

Wir beten auch für dieses Land, für die, die es regieren und schützen.

CHOR: Herr, erbarme Dich. dreimal

Wir beten auch für unsere Brüder, die Priester und Priestermönche und alle unsere Brüder in Christus.

CHOR: Herr, erbarme Dich. dreimal

Wir beten auch für die seligen Stifter dieses Gotteshauses ewigen Angedenkens; für alle uns vorangegangenen entschlafenen Väter und Brüder, die hier und allerorten ruhen.

CHOR: Herr, erbarme Dich. dreimal

Wir beten auch um Erbarmen, Gnade, Leben, Frieden, Gesundheit, Rettung, Fürsorge, Nachlaß und Vergebung der Sünden aller Brüder und Schwestern dieser Gemeinde.

CHOR: Herr, erbarme Dich. dreimal

Wir beten auch für die, die in diesem heiligen und ehrwürdigen Hause Frucht bringen und Gutes wirken, die sich mühen, die hier singen und für das Volk, das vor Dir steht und Deine große und reiche Barmherzigkeit erwartet.

CHOR: Herr, erbarme Dich. dreimal

PRIESTER: Denn ein barmherziger und menschenliebender Gott bist Du, und Dir senden wir Verherrlichung empor, dem Vater und dem Sohne und dem Heiligen Geiste, jetzt und immerdar und in alle Ewigkeit.

CHOR: Amen.

Ab hier folgt die normale Gottesdienstordnung
der Göttlichen Liturgie des hl. Basilios des Großen.

Folgender Hymnus wird gesungen anstelle des Cherubim-Hymnus:

Es schweige alles sterbliche Fleisch und stehe mit Furcht und Zittern und denke bei sich an nichts Irdisches, denn der König der Könige und der Herr der Herrscher schreitet voran, um als Opfer geschlachtet zu werden und sich hinzugeben den Gläubigen als Nahrung.

Grosser Einzug

Ihm gehen voran die Chöre der Engel mit allen Fürstentümern und Gewalten, die vieläugigen Cherubim und die sechsflügeligen Seraphim, verhüllen ihr Angesicht und singen den Hymnus: Alleluja, Alleluja, Alleluja.

Anstelle des Hymnus an die Gottesmutter nach der Epiklese:

Beweine Mich nicht, Mutter! Im Grabe siehst du den Sohn, Den du jungfräulich im Schoße empfangen hast: Denn Ich werde auferstehen und Mich verherrlichen, und in Herrlichkeit werde Ich, als Gott, unaufhörlich jene erhöhen, die dich in Glauben und Liebe hochpreisen.

Das KINONIKON.

nach "Einer ist heilig, einer Herr ..." wird gesungen:

Ps.78 Es erwachte der Herr wie ein Schlafender und stand auf, uns zu erlösen. Alleluja.

Nach dem " Gebet hinter dem Ambo ":

PRIESTER: Lasset uns beten zu dem Herrn.

CHOR: Herr, erbarme Dich.

PRIESTER: Herr Jesus Christus, unser Gott, der Du die fünf Brote gesegnet und fünftausend gespeist hast, segne Du Selbst auch diese Brote und den Wein, und mehre sie in dieser Stadt (diesem Gotteshause) und in Deiner ganzen Welt und heilige die davon genießenden Gläubigen. Denn Du bist es, Der alles segnet und heiligt, Christus, unser Gott, und Dir senden wir unsere Verherrlichung empor, samt Deinem anfanglosen Vater und Deinem allheiligen und guten und lebendig-machenden Geiste, jetzt und immerdar und in alle Ewigkeit.

CHOR: Amen.

Der Name des Herrn ist gesegnet von nun an bis in alle Ewigkeit. dreimal

Nun folgt der Schluß-Segen der göttlichen Liturgie

ANHANG

Anmerkungen zum Morgenamt

1 Die Numerierung der Psalmen folgt der Numerierung in der Übersetzung des A.T. durch die Septuaginta.

2 Ehre sei Gott in den Höhen und Frieden auf Erden, den Menschen ein Wohlgefallen.

3 Ehre sei Gott in den Höhen und Frieden auf Erden, den Menschen ein Wohlgefallen.

4 Ezech. 37, 1-14

5 1 Kor. 5,6-8; Gal. 3,13 -14

6 Math. 27,62-66

7 In den Klöstern findet dieser Gottesdienst in den frühen Morgenstunden statt.

Anmerkungen zur Vesper

1 erstes Buch Mose 1,1-13

2 Is. 60,1-16

3 zweites Buch Mose 12,1-11

4 Jo. 1,1-4,11

5 Jos.5,10-15

6 2.Buch Mose 13,20-15,19

7 Zeph. 3,8-15

8 Entspricht dem 1.Buch der Könige 17,8-24

9 Jes. 61,10-62,5)

10 1.Buch Mose 22,1-18

11 Jes. 61,1-9

12 Entspricht dem zweiten Buch der Könige 4,8-37

13 Jes. 63,11-64,5

14 Jer. 31,31-34

15 Dan. 3,1 -88

16 Röm 6,3-11

17 Math.28,1-20